二十世纪人文译丛

独立宣言

一种全球史

〔美〕大卫·阿米蒂奇　著
孙　岳　译

商务印书馆
SINCE 1897 The Commercial Press

THE DECLARATION OF INDEPENDENCE: A Global History

by David Armitage

Published by arrangement with Harvard University Press

through Bardon-Chinese Media Agency

中文本根据哈佛大学出版社 2008 年版译出。

〔美〕大卫·阿米蒂奇

作者简介

大卫·阿米蒂奇（David Armitage，1965—　）美国哈佛大学历史系教授、系主任，著名思想史、世界史专家。生于英国，毕业于剑桥大学和普林斯顿大学，荣获多个学术研究奖项。他曾在世界多地讲学，研究成果丰硕，主要著作有：《英帝国的思想起源》、《独立宣言：一种全球史》、《现代国际思想基础》，主编有《莎士比亚和早期现代政治思想》、《全球语境下的革命时代，约1760—1840年》、《太平洋史：海洋、陆地与人》。

译者简介

孙岳，历史学博士，首都师范大学外国语学院教授，国际大历史协会理事会理事，主要从事翻译教学及文史类跨文化研究，主要译作有《起源：万物大历史》、《大历史与人类的未来》、《历史学宣言》、《西方的兴起：人类共同体史》（合译）等。

总　序

“人文”是人类普遍的自我关怀，表现为对教化、德行、情操的关切，对人的尊严、价值、命运的维护，对理想人格的塑造，对崇高境界的追慕。人文关注人类自身的精神层面，审视自我，认识自我。人之所以是万物之灵，就在于其有人文，有自己特有的智慧风貌。

“时代”孕育“人文”，“人文”引领“时代”。

古希腊的德尔斐神谕“认识你自己”揭示了人文的核心内涵。一部浩瀚无穷的人类发展史，就是一部人类不断“认识自己”的人文史。不同的时代散发着不同的人文气息。古代以降，人文在同自然与神道的相生相克中，留下了不同的历史发展印痕，并把高蹈而超迈的一面引向二十世纪。

二十世纪是科技昌明的时代，科技是“立世之基”，而人文为“处世之本”，两者互动互补，相协相生，共同推动着人类文明的发展。科技在实证的基础上，通过计算、测量来研究整个自然界。它揭示一切现象与过程的实质及规律，为人类利用和改造自然（包括人的自然生命）提供工具理性。人文则立足于“人”的视角，思考人无法被工具理性所规范的生命体验和精神超越。它引导人在面对无孔不入的科技时审视内心，保持自身的主体地位，防止科技被滥用，确保精神世界不被侵蚀与物化。

回首二十世纪，战争与革命、和平与发展这两对时代主题深刻地影响了人文领域的发展。两次工业革命所积累的矛盾以两次世界大战的惨烈方式得以缓解。空前的灾难促使西方学者严肃而痛苦地反思工业文明。受第三次科技革命的刺激，科学技术飞速发展，科技与人文之互相渗透也走向了全新的高度，伴随着高速和高效发展而来的，既有欣喜和振奋，也有担忧和悲伤；而这种审视也考问着所有人的心灵，日益尖锐的全球性问题成了人文研究领域的共同课题。在此大背景下，西方学界在人文领域取得了举世瞩目的成就，并以其特有的方式影响和干预了这一时代，进而为新世纪的到来奠定了极具启发性、开创性的契机。

为使读者系统、方便地感受和探究其中的杰出成果，我们精心遴选汇编了这套“二十世纪人文译丛”。如同西方学术界因工业革命、政治革命、帝国主义所带来的巨大影响而提出的“漫长的十八世纪”“漫长的十九世纪”等概念，此处所说的“二十世纪”也是一个“漫长的二十世纪”，包含了从十九世纪晚期到二十一世纪早期的漫长岁月。希望以这套丛书为契机，通过借鉴“漫长的二十世纪”的优秀人文学科著作，帮助读者更深刻地理解“人文”本身，并为当今的中国社会注入更多人文气息、滋养更多人文关怀、传扬更多“仁以为己任”的人文精神。

本丛书拟涵盖人文各学科、各领域的理论探讨与实证研究，既注重学术性与专业性，又强调普适性和可读性，意在尽可能多地展现人文领域的多彩魅力。我们的理想是把现代知识人的专业知识和社会责任感紧密结合，不仅为高校师生、社会大众提供深入了解人文的通道，也为人文交流提供重要平台，成为传承人文精神的工具，从而为推动建设一个高度文明与和谐的社会贡献自己的一份力量。因此，我们殷切希望有志于此项事业的学界同行参与其中，同时也希望读者们不吝指正，让我们携手共同努力把这套丛书做好。

“二十世纪人文译丛”编委会

2015年6月26日于光启编译馆

中文版序言

我很高兴向中国读者介绍《独立宣言：一种全球史》（2007年）一书。这本书讲述广大世界如何塑造了一份重要文件以及这份文件一经问世又如何传播到全世界的。当然，要拿这本小书与1776年问世的美国《独立宣言》相比，肯定会暴露出作者有些自不量力，但我还是很自豪地说：这本小书自问世后，就像是长了翅膀一样在全世界广泛传播。该书的中文译本是继意大利文、法文、日文、葡萄牙文和西班牙文之后的第六种外文译本。因此，我要特别感谢译者孙岳先生和商务印书馆，他们的共同努力使该书有了这么大的一个潜在读者群。我真心希望你们能够喜欢这本书，正如研究和写作本书曾令我感到异常欣喜一样。

有些书的撰写是提前精心设计的，而有些则是意外的收获。这本《独立宣言：一种全球史》本不在我的写作计划之中。但回想起来，本书又是我多年从事历史研究一种符合逻辑的旨归所向。在我学术生涯的第一个阶段，我主要是在大西洋世界的背景下研究大英帝国。我的第一本专著名为《大英帝国的思想起源》（2000年），即是有关英国人自16世纪中期至18世纪中期帝国观念形成的思想史；此后不久，我又与人合编了一部论文集，名为《不列颠人的大西洋世界，1500—1800年》（2002年），把前一本书的研究推进到美国革命及美利坚联合邦独立后的时期。[①] 就在上述两项研究进行的期间，我对大英帝国先前的十三个殖民地宣布脱离帝国统治并由此成立美利坚

① David Armitage, *The Ideological Origins of the British Empire* (Cambridge, 2000); David Armitage and Michael J. Braddick, eds., *The British Atlantic World, 1500–1800*, 2nd edn. (Basingstoke, 2009); 又见 David Armitage, "The American Revolution in Atlantic Perspective", in Nicholas Canny and Philip Morgan, eds., *The Oxford Handbook of the Atlantic World, 1450–1850* (Oxford, 2011), 516–532。

联合邦的宣言产生了浓厚兴趣。我注意到这份《美利坚联合邦大陆会议全体代表大会宣言》(1776 年 7 月 4 日)是用 18 世纪国际法(international law)的语言书写的，时人亦称之为“国际法”(law of nations)。此前确有一两位史学家认识到了这一点，但大多数史学家却似乎并未觉察到《独立宣言》诞生的国际背景。为彰显这一事实，我曾在 2002 年专门撰写了一篇有关《独立宣言》和国际法的论文[①]，可只不过是想将此作为当时构思的一部有关 18 世纪国际关系的专著的一个章节，并没有过多的奢望。但构思中的专著终未成型，最终可谓是设计上的完全失败。[②] 不承想另外一本书意外地诞生了，就是您手里拿着的这部中文译本的英文原本。

《独立宣言：一种全球史》的问世要归功于哈佛大学出版社的一位雄心勃勃的编辑。她曾听我在学术会议上宣读一篇有关《独立宣言》的论文，然后就问我是否有可能更充分地交代这份宣言的国际背景和全球历史，并建议我将这篇论文扩展成一本书。我听了以后便表示这个提议非常好，而且觉得再花上几个月的时间便可一蹴而就，然后再转向其他研究。可事实上，此后断断续续地撰写本书竟花费了我五年的时间。我搜集到了有关 1776 年《独立宣言》问世的国际背景材料，然后又着手搜集有关《独立宣言》1776 年之后的接受情况及其影响的材料，而数量更为庞大的是自 1776 年后全世界各地陆续发布的 100 多份独立宣言。结果远远超出了该编辑和我本人的预期：此间竟然诞生了一个有关《独立宣言》内涵的原创性命题，而且还不止如此，该研究历练出了始自两个多世纪前经由《独立宣言》促成的国家政权组织形式走向普适的一部简史。鉴于《独立宣言：一种全球史》的宏大立论，我决定以此取代当初构想的有关革命年代国际思想的专著。

任何一本书的撰写总难免受其写作时代的影响，这本书自然也不例外。

---

① David Armitage, “The Declaration of Independence and International Law”, *William and Mary Quarterly*, 3rd series, 59, 1 (January 2002): 39-64.

② 这部著作业已重新构思，我在 2002 年撰写的有关《独立宣言》的论文也已经重新修订并编入 David Armitage, *Foundations of Modern International Thought* (Cambridge, 2013)。

本书在开始撰写时，恰逢有些美国史学家呼吁将美国史给予“全球化”的处理，也就是说要以多种新的国际的和跨国的背景或思路重新构建美国历史，以克服传统以来的美国例外论叙说。我对美国史“全球化”运动颇为倾心：我本人也不是出生在美国本土（我出生在英国，二十几岁后才移民美国），而且作为在美从教的一名外国人，我一直鼓励学生从世界的视角审视历史，包括学生们自己国家的历史。在此，从崭新的视角重新审视美国《独立宣言》，这无疑是我能够帮助推进美国史全球化运动的一次重大机遇。从根本上说，如果能够证实美国的出生证明——即最具美国特色的历史文件都是“全球化”的产物，那么美国史的任何其他方面又何尝不可以进行全球化处理呢？

在上述学术动机的背后，其实还有一个更为紧迫的政治目的。我开始撰写本书时恰值 9·11 恐怖袭击之后不久，而第二次海湾战争和以美国为首的多国部队入侵伊拉克的行动正在紧锣密鼓地进行。当时，有人控告美国总统乔治·布什无视国际法，滥用包括联合国在内的国际机构，不顾国际社会的一致认同而实施“单边行动”（going it alone）。一方面，美国的共和党人是此类单边主义（unilateralism）最大的鼓动者，而另一方面，却同时又是法律上的原旨主义者（originalist），即认定对美国宪法的任何现代应用必须受制于 1787—1788 年宪法制定者原初的意图，这显然是一个悖论。我之所以称之为悖论，是因为真正前后一致的原旨主义必须严格遵循美国开国的另一份重要文件——《独立宣言》的主张，后者宣誓“出于对人类公意的尊重”，并向“公正的世界”发出呼吁且使用的是“世界各国”，即 1776 年国际社会的语言。其中的信息是所有美国人尤其是美国的领导人都必须重温的，尤其是在当今美国与广大世界频繁发生关系的时代。

正是基于上述历史的和史学的动机，我在本书中追求三个主要目标。第一，是要说明美国一诞生便是国际性的，也就是说最初的美利坚联合邦（英文用复数，只是在 1861—1865 年美国内战后才变成单数的美利坚合众国）是受国际协定制约的，因此其行为无不遵从当时盛行的国际准则；第二，说明这样一份国际文本同时兼具美国性和全球性，阐述其如何在美国获得了类似圣经的崇高地位；而且此间的《独立宣言》在多国激发起了汹涌澎湃的民族解放运动；第三，试图解答我一直在思考且鲜有学者研究的现代史上最重大的问题之一，即为何依据领土划分的主权国家竟成为地球表面普遍的政治组织形式（截至 2013 年在联合国已有 193 个代表席位）？本书的三个章节分别试图解答上述三个问题：先是《独立宣言》的世界，然后是走向世界的《独立宣言》，最后是自 1776 年以来由多种独立宣言塑造的世界。

小书谈论大问题，自然只能是点到为止，而绝不可能详尽无遗。不过我还是想说，《独立宣言》在本质上实是**相互依存**的宣言，这一点已被多数人所接受：我们在探讨《独立宣言》的原初内涵时绝不可能对其国际旨趣视而不见，也绝不应该不考虑各个独立宣言在当时的国内受众。令人欣慰的是，这本小书产生了颇多的国际反响甚至全球反响。该书如今不仅被翻译成六国文字出版，而且还在美国和欧洲的学术杂志上激发起两轮较大规模的学术讨论。① 受其启发，有关美英宪政主义的国际背景及其全球流传的研究也是方兴未艾。② 迄今，围绕本书的观点，已经召开了四次国际会议：第一次是在 2010 年 8 月澳大利亚的悉尼，主题是独立宣言的全球史；第二次是在 2010 年 9 月的墨西哥城，致力探讨西属美洲发布的多种独立宣言；③ 第三次是 2011 年 9 月，在特拉维夫，主题是 1948 年以色列的独立宣言；最近一次是 2013 年 3 月，在弗吉尼亚的夏洛茨维尔，主题为 1804 年的海地独立宣

① David Armitage, Laurent Dubois, Robert Ferguson, Daniel J. Hulsebosch and Lynn Hunt, "Critical Forum: Armitage, *The Declaration of Independence: A Global History*", *William and Mary Quarterly*, 3rd series, 65, 2 (April 2008): 347–69; David Armitage, Tiziano Bonazzi, David C. Hendrickson, Peter S. Onuf and Arnaldo Testi, "Round Table on Armitage, *The Declaration of Independence: A Global History*", *RSA Journal: Rivista di Studi Americani*, 20 (2009): 79–108.

② George Athan Billias, *American Constitutionalism Heard Around the World, 1776–1989: A Global Perspective* (New York, 2009); David Golove and Daniel J. Hulsebosch, "A Civilized Nation: The Early American Constitution, the Law of Nations, and the Pursuit of International Recognition", *New York University Law Review*, 85 (2010): 932–1066; Linda Colley, *Charters of the Lands: Britain, the World and the Written Constitution, 1780–2000*，待出版。

③ See Alfredo Ávila, Jordana Dym and Erika Pani, eds., *La era de las declaraciones. Textos fundamentales de las independencias en América* (Mexico City, 2013).

言。[①] 还有一点令我感到特别骄傲的是，这本小书已经跨越纯学术的圈子而为美国的广大读者所喜爱，其中包括中学生和中学教师。对一部书的作者而言，其作品既能激发起学术讨论，又能够塑造公众的认知，这足可谓莫大的奖赏。

《独立宣言：一种全球史》英文版自问世迄今已有六年。虽不过是后见之明，但我确实愈发看清了这本书显示出的我自己历史研究的真正走向。它标志着我从大西洋世界跨越出来去展望世界其他地区的历史并进而步入史学的全球关注；[②] 它同样证明了此前我在其他场合曾提到过的思想史研究中的"国际转向"（international turn），即思想史研究中出现的朝向国际观念、国际机构等的转向以及更加专业的专门致力于观念、主题和书籍跨国流传的国际思想史的出现[③]，比如，我最近出版的另外一本书《现代国际思想的基础》[④]即是明证。目前我正在研究撰写的《内战：一种观念史》（待出版）一书也是受《独立宣言：一种全球史》的启发，只不过前者考察从古罗马至今两千多年来国家分裂的思想史，正像后者考察近两个多世纪以来国家形成的历史一样。[⑤] 这两部书涵盖的时段分别是从数百年到上千年，也表明史学当中出现了"长时段回归"的大趋势，这一回顾是对自 20 世纪 70 年代以来大多数史学作品视野狭小、时段局促——从五年至五十年不等的一种反动，至少在讲

---

① 本次会议提交的论文，连同 David Armitage 和 Julia Gaffield 共同撰写的序言将发表在 Julia Gaffield, ed., *The Haitian Declaration of Independence* (Charlottesville, 2014)。

② 同时参阅 David Armitage and Sanjay Subrahmanyam, eds., *The Age of Revolutions in Global Context, c. 1760–1840* (Basingstoke, 2010); David Armitage and Alison Bashford, eds., Pacific Histories: Ocean, Land, People (Basingstoke, 2013)。又见 Jaap Jacobs and Martine van Ittersum, "Are We All Global Historians Now? An Interview with David Armitage", *Itinerario*, 36, 2 (August 2012): 7–28。

③ David Armitage, "The International Turn in Intellectual History"，连同 Peter K. Bol, GE Zhaoguang, Leigh Jenco, Viren Murthy and Sun Lung-kee 的评论及我本人《对批评者的答复》发表在 *Intellectual History*［台北］，1（2013）：199–400; 又收入 Armitage, *Foundations of Modern International Thought*, 17–32。

④ David Armitage, *Foundations of Modern International Thought*, Cambridge University Press, 2012.

⑤ 有关概述和主题简介，可参阅 David Armitage, "What's the Big Idea? Intellectual History and the *Longue Durée*", *History of European Ideas*, 38, 4 (Dec., 2012)：493–507。

英语的世界是这样。①

从上述多个方面而言，《独立宣言：一种全球史》可谓我自身学术生涯的一个重要支点，它既是我此前学术观点的一次高屋建瓴的总结，又启迪了近年来我一直在从事的多项重要研究。不过，序言以如此个性化的话语收官总有一丝顾影自怜的意味，所以在此还是要赘言几句。史学家通常是很糟糕的预言家（不过总比经济学家或政治学家要好些）：我在完成本书之际，曾认为发端自1776年的宣布国家独立的时代已经告一段落，但我错了。就在这部手稿付梓之后不久，黑山共和国于2006年6月宣布脱离塞尔维亚共和国，然后是2008年2月科索沃宣布独立。两年后，针对塞尔维亚共和国发出的科索沃独立为非法的指控，海牙国际法庭2010年最终裁决：国际法并不限制独立。也许是受此裁决的激励，南苏丹人于2011年7月举行全民公投，一致决议脱离原苏丹共和国，遂有南苏丹独立宣言和最新的国家于2011年7月问世。②下一部独立宣言会出自何方尚难预测，但有一点可以肯定，未来任何一部独立宣言，如同此前两个多世纪以来问世的100多部独立宣言一样，都可以追溯到1776年问世的美国《独立宣言》。从这个意义上说，我们不得不佩服托马斯·杰斐逊有关《独立宣言》的临终预言确有先见之明——见本书开头的引述。他说：《宣言》乃“决定我们［美国］自身及整个世界命运的利器”。

大卫·阿米蒂奇

哈佛大学劳埃德·C. 布兰克费恩历史学教授

2013年4月

① David Armitage and Jo Guldi, “The Return of the *Longue Durée*”, *Quanqiushi pinglun* [Global History Review], 6 (2013), 待出版。

② David Armitage, “Declarations of Independence, 1776–2012”, in Armitage, *Foundations of Modern International Thought*, 215–232 把叙述推进到离我们最近的年代。

目　录

导　论 1

托马斯·杰斐逊（Thomas Jefferson）在1826年去世前所写的最后一封
公开信中曾对他在半个世纪前起草的《独立宣言》做过预言。由于当时不能
出席在首都华盛顿举行的美国独立五十周年纪念庆典活动，杰斐逊便在信中
写道，这一《宣言》乃“决定我们自身及整个世界命运的利器”。他说自己
非常遗憾因病不能与“诸位贤达”再度团聚，“正是他们在屈从与刀剑之间，
斗胆参与了那场前景不明、从此改变我们国家命运的决断”，否则他会非常
乐意前往，并“与诸位共同分享这样一个令人欣慰的事实，即在宣言发表之
后经历了半个世纪的繁荣发展，美国人民依然赞同我们当初所做的决策。我 2
希望——也有理由相信——整个世界（有些地方早些，有些地方晚些，但迟
早在全世界）的人们都会因之受到启发，燃起打破枷锁的热忱，并从此享有
自治的惠泽与安宁。从前的枷锁乃无知和迷信所铸就，令人匍匐在卑劣的强
权脚下而不能自觉”[1]。

杰斐逊于1826年7月4日辞世，也就是在发出上述公开信两周之后。他信中的语气像个预言家，在临死的关头抚今思昔并畅言未来。他的这封信肯定是决意要公之于众的，所以在他辞世的当天发表在华盛顿的一家报纸上。不过这封信却并非杰斐逊临死前所写的最后一封信。这封信的发出时间是1826年6月24日。一天以后，他又写了两封信，一封寄给他在弗吉尼亚州里士满的经纪人，另一封寄给巴尔的摩的一位商人，嘱其为刚刚从法国马赛运来的一批红酒缴税。[2]

杰斐逊临终前公之于众的思想针对的是美国革命的前景，而他私下的交代则是有关自家酒窖的充实。两封信都指向未来，都表明年轻的美国注定与大千世界发生紧密的联系，无论是作为革命思想的输出国，还是作为奢侈品的输入国。杰斐逊深知，哪怕是一个独立的国家也必然与其他国家相互依赖。

3 杰斐逊辞世之时，“半个世纪的繁荣发展”已经确认了美国独立这一政治事实。不过在五十年前，《宣言》主张的独立却是需要努力争取才能得来的，当时美利坚人的举动遭到英国人猛烈的攻击。在 1776 年之后的四十年间，美国人更加珍视业已获得的成功独立，而对宣布独立的一纸行文却并不在意。直到杰斐逊逝世前的十年间，《宣言》才开始被视为“美国圣经”中根深蒂固的一道信条，自此成为每年 7 月 4 日庆典的一个标志。[3]

《独立宣言》无疑对美国人有着特殊的意义，但作为一种标志，它的影响力却是全球性的，这一点在杰斐逊 1826 年的预言中已经得到肯定。即使在这位前任总统的有生之年，《宣言》早已超出了其“标志”地位而具有了某种实用性：世界各地的人们都拿它作为范本，宣布新国家的独立。截至杰斐逊 1826 年称《宣言》乃“决定我们自身及整个世界命运的利器”之时，从北欧到南欧，从加勒比到西属美洲，全世界已经有了二十来部类似的独立宣言。而今，在 1776 年之后的两个多世纪里，全世界半数以上的国家都有了自己的独立宣言。

4 上述宣言有许多直接受美国《独立宣言》的启发。有的直接抄录《宣言》的原词句，有时稍作调整，更多的是借鉴《宣言》的叙事框架，不过也有不少避免直接模仿之作。但无论是在动机还是用词或形式方面，所有宣言都有明显的类似之处，所以这里将其视作同一类文本并做全球考察是可行的。

诚然，此前并未见学者将《独立宣言》作为一种全球现象加以考察。[4]究其根本，原因就在如何界定“独立”这一概念。“独立”的本意是政治上的摆脱或分离，即美利坚十三个联合邦的代表 1776 年对英王乔治三世宣布脱离。广而言之，“独立”还意味着民族的独特性和差异。随着时间的推移，分离与独特性渐渐滋生出一种“例外主义”的情怀，尤其是在美国这个从分离中诞生的国家，幻想家们很快为美国赋予了一种世间的使命感。《独立宣言》的作者们自然是为自身而非他人宣布独立；不过这一具体而独特的观念在 1776 年之后的数世纪却逐渐具备了某种近乎普适的意义，原因就在于美国的榜样在全世界到处传播。

渐渐地，美国《独立宣言》被视为某种不同于其他民族史或既往帝国史
的新的历史开端的标志。与此相类，世界各地的多个独立宣言也成为不同群 5
体特有的遗产，作为自身在世界上独立自主的究章。从定义上讲，这种蕴含“例外主义”情节的文本不可能拿来与其他类似的文本做比较。历史上的多种独立宣言也确实就是这样的命运。

历史上收集多种独立宣言并从事比较的举动只有两次。第一次是在 1955 年，为迎接即将在华盛顿特区举行的美洲国家组织（Organization of American States）会议，主办方将美洲及加勒比地区各国 1776—1898 年发布的多个独立宣言复制、翻译并汇编成一个单行本。[5] 第二次是在 1976 年，恰逢美利坚合众国成立二百周年庆典，筹办方特意将世界各地的多种独立宣言汇编成册，其中还包括类似的独立文本，比如双边协议、相关法案等。[6] 不过这两次汇集很快便成往事，从未有学者试图将汇编成册的多种独立宣言看作一类文本进行全面深入的研究。[7]

多种独立宣言都经历了各自的彼此互不相干的分析和研究。研究基
本围绕各自直接的起源而不问其在更长时段、更大范围的历史中的地位问 6
题。就此而言，美国《独立宣言》的经历既典型又有些不同寻常。称其典型，是因为自 19 世纪以来便有众多学者对其 1776 年夏问世及其后的传播的历史进行了条分缕析的大量研究，证明《宣言》无论在语言还是形式方面都有令人不可思议的多种来源，有大量的细节说明《宣言》是如何起草、编辑并最终发表的。其中不少学者指证《宣言》中“天赋人权”（natural rights）或“革命权利”（right of revolution）观念的欧洲源头，比如英国人的政治思想、苏格兰人的道德理论或瑞士人的哲学。[8] 其中最受学者关注的

是《宣言》的第二段中那些“不言而喻”的真理，但对《宣言》的其他内容却往往视而不见，比如“独立”对美国的深刻含义。本书的一个主要任务就是发掘这种含义。

美国人对关乎本国历史的这一重要文件非常熟悉，他们对哪些美国人读过《宣言》，这些人又如何解读以及《宣言》的政治和法律后果可谓了如指掌。[9]没有哪一国的独立宣言作为一种国人的遗产被如此充分和清晰地追根
7 溯源。但美国和其他国家对《宣言》后世命运感兴趣的研究者所缺乏的是追溯其在美国之外大千世界的命运。[10]

不过，作为美国历史上富有里程碑意义而未经全球性学术处理的事件，《独立宣言》也并非独一无二。在20世纪的大部分时间里，美国滋生的自足意识及其在世界事务中的霸权地位使得美国人长久地忘记了甚至根本不知道美国对世界会产生影响以及直到近来才感知到的世界对美国的影响。当然，与美国相似，其他许多国家也曾对自身在世界中的位置沾染过健忘症。不过即便如此，美国在世界事务中的显赫地位使这种长久漠视全球观瞻的做法显得那么不可思议。美国之外的世界无时无刻不在塑造着美国，无论是通过移民还是观念的传播、商品的交换等四百多年来各式各样的互动和交流[11]，而独立战争之前殖民地时期的美利坚正是一个多样的世界。对此的日渐觉悟促使美国人和美国之外的学者开始“重新思考全球时代的美国史”。[12]

将美国史纳入全球视角使人们认识到，我们当今称作“全球化”的并不是什么新鲜事物。恰如一位历史学家最近写道，全球层面的分析“表明早在
8 1945年所谓当代阶段的‘全球化’肇端之前，世界各地的政治社会变革早已呈现出相互关联、相互依赖的态势”[13]。全球视角的分析还令我们认清全球化并非某种单一的毫无摩擦或碰撞的趋向全球整合的运动；相反，全球化的发展断断续续，呈明显的阶段性特征，在不同时段、不同地区都有截然不同的表现。这样去理解全球化便很难再像过去一样书写出自我陶醉、唯我独尊的世界史，并进而体察全球化不同阶段的共性和差异。[14]

本书的撰写恰逢作者对全球化有着深刻的觉察之时，内容指向二百多

年前的这样一个时刻：1776 年之前的数十年间，渐趋成熟的欧美人成为人类历史上差不多最早觉悟的一批人，他们对自身在整个世界上所处的地位有着清醒的认识。这一认识得益于一系列彼此关联的最新进展，其中包括海上探险，跨洋贸易，欧陆帝国在大西洋、印度洋和太平洋地区的扩张，多种地图、历史和游记作品的传播和普及以及伴随商品和观念的流动与交换而来的联结彼此的多重纽带。另外，上述认识还在很大程度上得益于英、法在全球范围展开的大规模的帝国争霸——美国人称之为法印战争（French and Indian War，1754—1763 年），欧洲人称“七年战争”（1756—1763 9
年）——因为这场争端横跨四大洲、三大洋。[15] 所以说 1776 年的美洲人是在帝国激烈竞争、全球争霸的战后世界中成长起来的。

这一代人的全球视野在 1776 年前后问世的欧洲商业史、殖民史著作中得到了印证，比如阿贝·雷纳尔（Abbé Raynal）神甫的《欧洲人在东西印度群岛殖民与贸易的哲学政治史》（1772 年）、亚当·斯密的《国富论》（1776 年）、苏格兰史学家威廉·罗伯逊的《美利坚史》（1777 年）等。埃德蒙·伯克对罗伯逊的著作颇为青睐，并热情地评论道：“这是一览无余的关乎整个人类的巨幅图谱；这里没有国家或野蛮的等级观念。相反，我们所能想象的一切优雅在此尽收眼底。”[16] 雷纳尔热情支持英属殖民地人民的反抗斗争。斯密出版《国富论》，至少部分原因是要介入有关英帝国前途的讨论，称“在大西洋西侧的这一部分英帝国只不过是在想象中存在而已”。在《国富论》一书的结语部分，斯密指出，对于这一“金色帝国的梦幻”，要么努力去实现，要么干脆彻底打消。[17] 在罗伯逊看来，美国的独立为这一梦幻画上了决定性的句号，他的《美利坚史》也只写到美洲殖民地的丧失便戛然而止。他在 1784 年感叹说：“对英帝国和我自己而言，美利坚是一劳永逸地 10
丢失了。原拟书写的英帝国殖民地绪论现在让位于独立国家的建立。”[18]

雷纳尔、斯密和罗伯逊在各自的商业史和海洋史中所描绘的全球关联在 18 世纪 70 年代处于帝国危机中的美洲殖民地业已深入人心。弗吉尼亚种植园主和波士顿商人的命运与南亚英国东印度公司密切相关，其间大量的信贷业务经由伦敦和格拉斯哥的银行处理，其间的贸易网络将中国的茶叶经东印度公司的商船于 1773 年 12 月运抵波士顿港，而贸易条款则是位于威斯敏斯特的英帝国议会制定的。要理解美国革命的起源，就必须弄清当时的全球网络，1776 年之前的美洲殖民地人民恰恰就处于这一巨大的全球网络之中。[19]

对于这种关联属性的焦虑和激动——究竟是枷锁还是链接，是束缚还是纽带？——甚至在《宣言》的文本中间都有反映，宣称即将独立的美国有意以平等一员的身份加入由“世界各国”（Powers of Earth）共同组成的国际体系。愈发紧密的全球关联、欧洲国家体系的决定性变迁以及随之而来的整个大西洋世界内部的权力失衡迫使当时的人们创新思维，以把握自身生存的世
11 界。正是在这样的背景下，英国的法哲学家杰里米·边沁（Jeremy Bentham）于 1780 年——即美国独立战争的危机期间发明了“‘国际’一词，……虽是新词，但希望足可类比和达意”，用以描述“主权国家之间的种种交易”，后者本该纳入“国际法”的范畴，而“国际法”在当时是另外一个新词。[20]

对于《独立宣言》，每一代人都有自身时代的解读。在我们这个全球化的时代，《宣言》就需要全球史的解读。全球史可以是由外向内的，即以普适的视角审视某一特别的时刻、个别的地区、具体的个体或器物，也可以是由内向外的，即从局部和具体出发走向世界和全体。这两种取向并非对立，而是互补的；事实上，二者对彼此都不可或缺。与《宣言》问世几乎同时代的英国诗人威廉·布莱克（William Blake）就有“从一粒沙子看世界”的想象。具体到《宣言》本身，这便意味着从一篇相对简短而深刻的文本追寻大千世界的痕迹。《宣言》的文本伴随其在国内外的流传，似乎有了生命一般：从这种流传中诞生出另外一种全球史，也就是文本传播和接受的历史，并由此催生出模仿《宣言》或类似《宣言》的文本的历史。

12 此外，考察其他独立宣言问世和累积的规律构成全球史的另一种思路。本书尝试上述三种全球史的研究思路，先后考察《独立宣言》诞生的那个世界，《宣言》在 18 世纪末 19 世纪初走向世界的历程以及自 1776 年以来世界各地异彩纷呈的多种独立宣言。如此在多种全球视角的聚焦下，《独立宣言》

很自然会呈现出不同的色彩。

《独立宣言》之外，没有哪一个文件如此简明清晰地界定了“美国人”的特征，即其中的“生命权、自由权和追求幸福的权利”。甚至在物质层面，《宣言》都显现出与大千世界的密切关联。在正式的手稿本提交大陆会议代表签字前数周，《宣言》曾于 1776 年 7 月 5 日以单页单面的形式印刷，以供传阅和展示。该版本《宣言》的印刷商是一位爱尔兰人，29 岁的约翰·当列普（John Dunlap），他是 1757 年从斯特拉班县的蒂隆迁到费城的。[21] 印刷的用纸大多是从英国进口来的荷兰纸，也是殖民地时期美利坚所用纸张的主要来源；他所用的印刷机和铅字可能也是从英国进口的。[22]

《宣言》的签字仪式是在 1776 年 7 月底或 8 月初。共有 55 名参会代表在正式誊清的《宣言》手稿上签字，其中 9 人出生在英国或爱尔兰，有 10 13
多人是在殖民地以外（如英国、苏格兰、法国）接受教育的。他们使用的墨水瓶是另一位爱尔兰人小菲利普·辛格（Philip Syng, Jr.）设计制造的，用料可能是墨西哥或秘鲁出产的银。[23]

由此可见，最早的公众版《宣言》是大西洋世界多种力量和物品的交集所致，其中包括政治和印刷，人员和商品的流动，在 18 世纪，大西洋世界把欧洲、非洲和美洲联结成一个整合的经济文化体系。如果说从一份界定美国独特身份的重要文件中就可以发现许多北美殖民地之外世界的印迹，那么可想而知，构成美国史的多种材料肯定蕴含着更多类似的发现。

笔者在书中各处将《独立宣言》分别当作一个事件、一份文件和一种崭新的文体看待。用美国史的早期研究者卡尔·贝克尔（Carl Becker）的话说，作为“事件”的《宣言》标志着“一系列的革命活动发展到了最高潮”，而作为表达，这份“文件是对这一重大事件的宣示和向世人的说明”。[24]《宣言》的全球史并未在 1776 年 7 月结束，事实上，它才刚刚开始。《宣言》开启了一种崭新的政论文体，其影响甚至延续至今。这里的“文体”一词是指具有鲜明特征且可反复使用的论证框架和文学形式。这种文体的实例颇多， 14
举凡类似的文件——无论是有意识地模仿或是直接借鉴——都可归入《宣

言》的文体。文学体裁的界定可以严格至十四行诗，或宽泛至小说；因此，无论是乌托邦的叙事或是宪法的文本，无论是权利的宣示或者独立的宣言，都属于类似的政论文体。《宣言》或类似的文体提供了一种叙述框架，令后人理解和批判类似的观念和事件，类似的历史情形也往往催生类似形式的表达。[25] 这样，文体就诞生了。当然，文体也会打破重组，吸收其他文体的元素。有时，文体也会沉寂灭亡。正如同文体所包含的观念一样，文体也是变动不居的，而且文体并不受国界的制约。

《宣言》标志着一种新政论文体的诞生。其天才之处——也是它成为后世宣言成功范本的重要原因之一——就在于整体上的混杂性（generic promiscuity），囊括了后来一分为三的独特（但很容易合并在一起的）文体：独立宣言、权利的宣示和告示（manifesto）。《宣言》的开头和结尾分别述说“在有关人类事务的发展过程中……”和“因此，我们，集合在大陆会议下的美利坚联合邦的代表……”构成独立宣言部分；第二段一开始便有“我们认为下述真理是不言而喻的”这样的名言，非常接近我们所称的权利的宣示，尤其是考虑到此后不久就有了 1789 年法国人的《人权宣言》；[26] 最后，《宣言》中篇幅最多的是一系列申诉，具有明显的告示的特征，即向全世界告白即将采取的一种革命行动的理由。[27]

《宣言》发表后便迅速进入国内和国际的流通渠道。《宣言》的抄本四处传播，从一个国家到另一个国家，传播的速度令（今）人感到惊讶，但有时也会遭遇效率低下和不测。对有些人而言，《宣言》大可以不屑一顾；而另外一些人则到处寻找、仔细研读，甚至不辞辛劳地将《宣言》译成外国文字。还有一些人视《宣言》为一种颠覆性的文本，因为在这个时代，文本和反叛者都可能激发起叛国和革命行为。“盎格鲁–美利坚人的独立事件很有可能加速革命的到来，而革命定会为世人带来幸福，”法国皇家书刊审查官阿比·艮蒂（Abbé Genty）1787 年这样评论道，“在这个新兴的共和国内部，深藏着令整个世界变得富有的真正财富。”[28] 果如其所言，两个多世纪以来，世界多地的人们都拿《宣言》当底本，以向“公正的世人”

宣示其政治意图。

伴随《宣言》踏上国际的流通渠道，它逐渐摆脱了原初具体历史情形的
圈囿，也从此有了生命，最终成为一种文体的范本。1776 年以前尚不曾有 16
过被称作独立宣言的文件；事实上，《宣言》本身当初也不叫这个名字，而且通篇也未见“独立”一词。不过，在 1776 年 7 月之前的数月，时人一直在呼吁“独立”或发布“独立宣言”的必要性。1776 年 7 月 8 日，杰斐逊将“一份独立宣言”的抄本寄送给同属弗吉尼亚州的代表理查德·亨利·李（Richard Henry Lee）。[29] 毫无疑问，大陆会议通过的日期为 1776 年 7 月 4 日的文件是一份“宣言”（手稿和印刷的版本都是这样叫的），而且其所宣示的首先是“独立”。既然如此，这份文件在远播近传之后便不断地被其他文件模仿、借用或类比，从而共同构成了独立宣言的文体。

大陆会议在 1776 年夏通过《独立宣言》是出于国际压力。因此，《宣言》的内容反映出一系列涉及安全、防卫、商务和移民的关注。文件既然宣布十三个州从此成为“美利坚联合邦”，那么《宣言》实际上标志着这个“联合邦”从此进入了后来所谓的国际社会。作者在《宣言》中是要诉诸
“人类舆论”并以外交和法律的语言呈现，目的就是要赢得美利坚之外的听 17
众的认可。因此，《宣言》实际上反映了大西洋世界正在出现的国际社会观念的变化。《宣言》改变了这一国际社会的内涵，将其疆域向西部拓展以便把北美加入其中，同时宣称美利坚的商业向整个世界开放，而此前这里的商务受大英帝国的法律制约。

美国《独立宣言》，如同此后的一系列宣言一样，宣布的是国家的成立，而非民族的形成。它宣称此前大英帝国治下的殖民地从此脱离帝国的统治，成为自由邦。因此，《宣言》中并无所谓“美国人”或“民族”（nation）的称谓。作为替代，《宣言》中的用词是“一群人”（one People）的崛起，他们要在“世界列国之林”中享有独立平等的地位，并宣布“这些联合一致的殖民地从此成为，而且是名正言顺地成为自由和独立的国家”。《宣言》中针对“生存权、自由权和追求幸福的权利”的声明严格服从于上述有关国家

权利的主张，而且前者大致为时人所认可，须知时人并不热衷谈论所谓个人的权利。因此，时人在1776年8月报道说，当《宣言》首次在西宾夕法尼亚的泰孔德罗加（Ticonderoga）向大陆军的部队宣读时，“每个人的脸上都透露出这样的欣喜：我们现在是一群啦！在万国之林中我们有了自己的名字
18 啦！”新的联合邦最初制定的誓词同样是要求所有官员“承认美利坚联合邦是一个自由、独立的主权国家，并发誓这里的人民不再效忠或服从英王乔治三世”[30]。

1776年以后最初的几十年里，美国及外国读者对《独立宣言》有各种不同的理解。那个年代变动不居的国际环境——战争、革命和建国——甚至改变了美国人对《宣言》的解读：《宣言》的核心由最初的建国主张发展到后来的个体人权的申述。与此同时，《宣言》在美国之外的流传诱发了针对国家权利的广泛讨论——尤其是针对美国一类的新国家：这些国家究竟如何加入国际社会。在这种讨论中，人们很少提及《宣言》第二段中所述及的个体权利。个体权利在20世纪后半叶波及全球的争取权利运动兴起之前并非国际社会认可的《宣言》的主要内容。

《宣言》列举的前殖民地“作为自由独立的国家，它们完全有权”从事一切活动的权利令世人开始重新关注国际社会中国家的特性问题。《宣言》
19 中的国家定义，如同当时标准的国家定义一样，具有明显的两面性，其核心精神在1933年签订的《蒙特维多国家权利义务公约》中得到经典的概括，即国家应有固定的人口、既定的国界、政府和与其他国家发展关系的能力。[31]

《宣言》宣布了人口的存在（“一群人”），暗示着还有一个政府，但未划定国界，却反而突出强调了联合邦作为国际社会一员的平等权利。本书在分析中也会突出强调《宣言》的这一主张，以廓清这一国家的外向性（outward-looking）而非内向性（inward-looking）特征。因此，本书的一个宗旨是淡化民族（nations）以及随之而来的民族主义和民族认同，以凸显国与国之间的关系史，比如国家是如何创立的，国家以何标准被承认，国家数

量不断增多（proliferation）的后果是什么。

20 世纪后半叶，国家俨然成为全球政治的基本单位（primary units），但历史上的国家却并非总是如此。国家曾面对来自更大却不甚严整的政治组织——帝国的竞争。[32] 20 世纪的最后二十几年，迅速增长的非政府组织和跨国公司已经超过了国家的数目。[33] 与此同时，国家还须面对来自国内的群体或众多人群（sub-state groups or peoples）的挑战，后者自称为文化共同 20
体（cultural communities），其成员之间有某种相互认可的共性。然而我们却不应因此陷入民族主义的假定，即认为国家就等于民族，也就是“民族国家”（nation-states）。厄内斯特·盖尔纳（Ernest Gellner）曾说过：“民族就如同国家一样，只不过是一种偶然的组合，而不是普适的必然……另外，民族与国家也并非同一的偶然组合，……国家的兴起常不需借助民族，而民族的兴起也未必有民族国家的福佑。”[34]

对于我们这个世界为何有这么多个国家，史学家似乎刚刚开始关注。[35] 比起更为宏大的全面叙述，将多个独立宣言搜罗到一起并加以分析对厘清这段历史的轮廓似乎是更为省事的办法。为伸张国事，当今世界的许多国家在刚刚过去的二百年间都曾宣布独立，以从先前隶属的更大的单位中脱离开来。与此同时，这些国家还曾申述脱离——有时还包括重新合并某些地区或某些人群——的理由以为自身的地位努力求得国际社会的认可。总而言之，这些国家都宣布自己拥有一定的领土主权，对内享有自身人群的管辖权，对外排斥其他国家及其他人群。自 1776 年以来，全世界已经发布一百多个独立宣言，表明在过去的两个世纪中却曾发生过一场重大的政治变迁：充斥着众多国家的世界——我们身处其中的这个世界——的兴起，而在此前居统治 21
地位的是帝国。把为数众多的独立宣言作为一个系列和文体加以考察，比起其他历史档案更容易令我们看清这一重大转折不同阶段的特征。

美国《独立宣言》的原初目的，如同 1776 年以来发布的众多独立宣言一样，是申明美国在国际社会中的法律主权。因此，杰斐逊在 1825 年 5 月这样回忆道：

> 要申明理由，我们就觉得向世界法庭上诉比较妥当。这也是制定《独立宣言》的目标。我们的目的不是要找到某种此前从未有人想到过的新原则或新论点，也不是言古人之所未曾言，而是要向世人陈述有关的最基本的常识，既要朴实，又要坚定不移，目的就是要赢得世人的认可，证明我们所采取的独立立场是被迫的，乃势在必行。我们当初绝没有标新立异的想法和情绪，也不是刻意抄袭某个观点或作品，我们只不过是要表达一下美国人的想法。[36]

杰斐逊对此的评价可能有些过于谦虚。《宣言》有两点创新，且对后世
22 产生了深远的影响。首先，它把"美利坚联合邦"推向了世界；其次，它开启了独立宣言这一政论文体。此前公开发表的文件从没有使用"美利坚联合邦"这个称谓。1776 年 7 月 4 日之前数月，甚至在《宣言》的主体之中，大陆会议代表的政治实体一般被称作"联合一致的殖民地"（United Colonies）[37]，而最早印刷的《宣言》明确称"大陆会议美利坚各联合邦一致通过的宣言"。

约翰・当列普单面印刷的《宣言》文本用大写字母仅突出了三个词"美利坚联合邦""大陆会议"和"自由和独立的国家"。其后，1776 年 7 月正式交由代表签字的《宣言》文本也突出了这三个词。文本全部用斜体书写以突显其重大意义。如今陈列在华盛顿特区国家档案馆的《独立宣言》文本文字已经变得模糊不清，唯一清楚的只剩下这三个大写的词。当然这也恰如其分，因为这三个词是《宣言》的核心内容，即对独立国家主权的伸张。

《独立宣言》宣告的内容包括：旧日的"联合一致的殖民地"现在已成为"美利坚联合邦"，正因为它已是"自由和独立的国家"。1776 年以前的
23 世界史还从未见以独立的话语形式宣告国家成立的文件，而后世的许多文件恰恰采取了这种形式。事实上，1776 年之后两百年的全球史表明，创立一种他人在宣布独立时能够效法的形式灵活的利器，恰恰是《独立宣言》的贡献所在，正如它在 1776 年 7 月将"美利坚联合邦"推向世界舞台一样。

第一章 《独立宣言》诞生的世界 25

人们对《独立宣言》的词句是那样的熟悉，以至于很容易记不起其中究竟宣布了哪些内容。试问大多数美国人——当然还有很多外国人——《宣言》的开头几句是什么，他们一般会回答说：“我们认为下述真理是不言而喻的：人生而平等，造物主赋予了他们若干不可剥夺的权利，其中包括生命权、自由权和追求幸福的权利。”但请问这些权利与独立有什么关系？对此却很少有人思考过。

“不言而喻的真理”，“人生而平等”，“不可剥夺的权利”，“生命权、自由权和追求幸福的权利”，这些确实是掷地有声的词句，饱含高贵的情感， 26
但所有这些却不是 1776 年《宣言》实际上宣布的主要内容。甚至亚伯拉罕·林肯（Abraham Lincoln）在 1857 年都曾指证说：“称‘人生而平等’对达成从大英帝国的脱离并无实际意义；《宣言》之所以包含这样的词句不是为了那个目的，而是留作将来之用。”[1]

《宣言》的核心目的是宣布独立。若达不到此目的，这份文件将无任何前途可言。若《宣言》完全没有人理睬（当时确实有不少人持这一态度），若其中的根本主张被彻底驳倒（有些人也确实认为自己做到了这点），若美国革命被大英帝国的军队成功扼杀在摇篮里（当时并非没有这种可能），那么现在根本没有人会去回想那些所谓“不言而喻”的真理。

要了解《宣言》所宣布的具体内容，就很有必要先回忆一下这份文件的结构。《宣言》首先采取了论辩的形式来发布一项声明，行文所遵循的逻辑可能是主要的起草者托马斯·杰斐逊在位于弗吉尼亚的威廉与玛丽学院上学时学到的。[2]

《宣言》分为五个部分。其大前提在开头的第一段，即“出于对人类公意的尊重”，“一群人”要摆脱另一群人的统治必须要申明这样做的理由。然后是第二段包含现已成为名言的小前提，也就是那些所谓不言而喻的真理：

27 ……人生而平等，造物主赋予了他们若干不可剥夺的权利，其中包括生命权、自由权和追求幸福的权利。为了保障这些权利，人们才在他们中间建立政府，而政府的正当权力来自被统治者的同意。任何形式的政府，只要破坏上述目的，人民就有权利改变或废除它，并建立新政府；新政府赖以奠基的原则，得以组织权力的方式，都要在最大程度上增进民众的安全和幸福。

对生命权、自由权和追求幸福等基本权利的冒犯如若被证实是政府“一连串滥用职权和强取豪夺”，那么分离就有了正当的理由。只有在这时，人民才有权“为他们未来的安全建立新的保障”。

《宣言》的第三也就是最长的部分列举了乔治三世所犯下的“一再伤害和强取豪夺”的“事实”，要“向公正的世界宣布”以作为上述指控的证据。倒数第二段称这种呼声被“我们的英国的弟兄”置若罔闻，因此，“迫不得已，我们不得不宣布和他们分离。我们会以对待其他民族一样的态度对待他们：战时是仇敌，平时是朋友”。

28 同英国的分离既然在逻辑上和历史事实上都站得住脚，那么《宣言》的第五部分也就是最后一段得出结论说：“这些联合一致的殖民地从此成为，而且是名正言顺地成为**自由和独立的国家**。”正是为了确认结论的有效性，大陆会议的代表们才“以自己的生命、财富和神圣的荣誉相互保证，共同宣誓”。

《宣言》的首段和尾段明白无误地确认了一个新成员（“一群人”）或多个成员（十三个“**自由和独立的国家**”）从此登上世界的舞台。文件中的第一句申述的世界真理完全不言而喻，所以根本用不着证明或详细阐述：

> 在有关人类事务的发展过程中，当一个民族必须解除其和另一个民族之间的政治联系，并在世界各国之间依照自然法则和自然神明，取得独立和平等的地位时，出于对人类公意的尊重，有必要宣布他们不得不独立的原因。

在这句言简意赅的表述中涵括了 18 世纪国际政治的几个假定。[3] 其中最
基本的假定是一系列依据某些特定的外部规则（“自然法则和自然神明”）彼 29
此互动的政治实体（“世界各国”），之所以如此乃基于两个主要原因：这些政治实体是彼此分离或相互独立的；它们同时又是平等的。这些实体的数目并不固定；新的政治实体会不时涌现，包括那些被迫分离并因此希望与既有的政治实体享有平等地位的任何“一群人”。不过，如同任何由离散的政治人组成的公众一样，这一公众有必要告知并尊重“世界各国”所代表的“人类公意”，因此，上述政治实体会以诸如《独立宣言》形式的公开声明进行正式的交流。

《宣言》的结语段列举了一系列为成功获取独立和平等的国家所具有的权利：

> 这些联合一致的殖民地从此成为，而且是名正言顺地成为**自由和独立的国家**……作为**自由和独立的国家**，它们完全有权宣战、媾和、结盟、通商并处理**独立国家**理当处理的一切事务和事宜。

上述的国家法人权利如同《宣言》前文提到的个体权利——“人……
［被造物主］赋予了……**若干**不可剥夺的权利，**其中包括**生命权、自由权和 30
追求幸福的权利”——一样并非全部列举。《宣言》中具体列举出了其中的一些国家权力——宣战、媾和、结盟、通商——但并不排除在必要的情况下

有权行使其他类似的权力。这样，通过既明确又灵活的权利宣示，参加大陆会议的联合邦代表表明自己业已脱离由大英帝国所代表的跨国群体，从此加入了另外一个由多个独立的主权国家组成的国际群体。

因此，《独立宣言》实际上是一个相互依赖的群体确立的宣言。通过发布《宣言》，大陆会议的代表表明了自己对“人类公意的尊重”。代表们据实向“公正的世界”陈词，即认定这是一个不存偏见的世界。他们还表示，对待英国人，“会以对待其他民族一样的态度对待他们：战时是仇敌，平时是朋友”。《宣言》虽采取大陆会议代表替美国人发布的形式，但美国人却不是《宣言》发布的暗指对象；相反，《宣言》发布的对象是“人类公意”，即世界各国公众群体的公意。

“宣言”这一词本身也有这一层的蕴含。准确地说，这个词在 17 世纪的英国史和 18 世纪的英国法律中有特定的技术内涵。就历史而言，宣
31 言乃诸如议会一类的代表实体发布的公共文件；大陆会议称所发布的文件为“宣言”，就意味着它与英国的议会拥有同样的发布此类公文的权力。[4] 从法律上说，18 世纪英国的法学权威威廉·布莱克斯通爵士（Sir William Blackstone）1765 年有所谓“宣言、陈词或罗列”乃“原告［在民事审判中］的投诉说明”的说法；依此，美国《独立宣言》只有第三部分——控诉英王罪状的清单——才属于这个意义上的宣言。[5]

用当代外交语言说，宣言系一官方组织发布的正式的国际声明，“既可以是面向全世界的一般的宣言，也可以是经由大使转交的针对某一朝廷的照会”[6]。当然，这是当今诸如“宣战书”或“独立宣言”之类的宣言的主要内涵。[7]《独立宣言》具有上述三种形式宣言的因素。就语言、形式和内容而言，它最接近“面向全世界的一般的宣言”。

《宣言》是大陆会议（1776 年 7 月以前）设计出的旨在在大英帝国的范围内并随后（即《宣言》发布后）在全世界范围内影响“人类公意”的一系列文件的巅峰之作。《宣言》发布之前，大陆会议曾有十五份以书信、请愿
32 书、建议书、致辞和讲话等形式的国书发表，但只有另外一份采取了正式

"宣言"的形式，即1775年7月6日发布的《联合一致的殖民地代表……陈述武装反抗的原因和必要性宣言》。这份早期宣言的主要起草者是托马斯·杰斐逊和来自宾夕法尼亚的代表约翰·迪金森（John Dickinson），其中已经有"出于对其余人类的尊重并公开宣布我们自身事业的正义性"和"向整个人类"痛陈一个饱受屈辱的民族的苦难之类的词句。[8]

如同《独立宣言》一样，《武装反抗……宣言》标志着不列颠宗主国与美利坚诸殖民地之间斗争的一个富有决定性的转折点，具体而言，就是从此诸殖民地将发动正式的武装反抗。同时，宣言诉诸广大世人的评判，但保证说"我们并非是要怀着要从大不列颠分离并建立独立的国家而发动武装反抗"，因此，大陆会议旋即将这份文件发送至大西洋彼岸，并刊登在伦敦的数家报纸上。大陆会议的其他国书则分别致大不列颠人民、魁北克省的居民、爱尔兰人、牙买加议会、易洛魁联盟六国（the Six Nations of the Iroquois Confederation）、诺斯勋爵（Lord North）及英王，只有1774年10
月的一件是致诸殖民地全体居民的。即使如此，最后一封国书在措辞上也明 33
确表示要"向其余的人类述说自身事业的强烈的正当性"[9]。

1776年7月《独立宣言》中受众——从大英帝国某些个别的群体到"公正的世界"——的转变恰如其分地体现了这份文件的主旨，即联合一致的殖民地从此不再是大英帝国的成员，而与"世界各国"站到了一起。事实上，差不多在《独立宣言》发布前两年的时间里，大陆会议已经行使了宣言中所列举的美国所应行使的大多数权力，比如与英国代表谈判，指派经纪人负责其在欧洲的事务，与其他国家建立通讯往来，为革命事业寻求援助。[10]因此，对大陆会议所发布《宣言》的支持者而言，"独立宣言早已不是什么虚张声势的举动，而仅仅是把业已存在的事实公之于众的问题"[11]。

对某些人而言，《宣言》本身不过是1776年7月以前数月间试图断绝不列颠与联合一致的殖民地之间关系的一系列法案的最后一部。1775年8月，乔治三世已经宣布美利坚殖民地的子民为反叛者，因此已不受王室的保护，而英国议会也于1775年12月通过《禁制法》（Prohibitory Act）对上述皇室

34 声明予以了肯定。约翰·亚当斯（John Adams）在1776年3月的一封信中提醒对方不要将贸易自由的权力等同于在国际上完全独立的地位："独立乃一魔鬼，面目狰狞，所以胆小怕事者容易望之而陷入癫疯。"只有切断与帝国之间的政治纽带才会令人觉得如此后怕。此外，亚当斯认为，事实上的独立通过诸如"禁制法，或海盗法，或打劫法，或独立法"之类的法案早已得到实现。"这是对大英帝国的彻底肢解，"亚当斯写道，"十三个殖民地的人民早已被剥夺王室的保护，与英国人毫无二致，我们虽曾一再地匍匐恳请、乞求，但事实上已经独立……非常奇怪的是，美国人竟不愿接受这一馈赠。"[12]但这种不情愿的状态不会持续很久。美国人尽管在英王和英国议会的眼中已经变成了反叛之徒，但在世上其他人看来却还构不成合法的交战方。

所以，为了将大英帝国内部的一场内战转变成帝国之外的国与国之间的战争，就有必要把个体的反叛者转变成一个合法的交战方，即国家。这也就是1776年6月7日理查德·亨利·李代表弗吉尼亚代表团向大陆会议提案决议案背后的动机："这些联合一致的殖民地从此成为，而且是名正言顺地成为自由和独立的国家；它们从此解除效忠英国王室的一切
35 义务，它们和大不列颠国家之间的一切政治关系从此全部断绝，而且必须断绝。"

这一决议案差不多就是大陆会议宣言的原本，其国际背景从李的提案决议案的其余部分几乎显而易见："这对此后采取有效措施与外国建立国家间的联盟非常有利。建议制定联邦计划并将此计划传送至各殖民地以供审议通过。"[13]

该决议案通过以后，大陆会议迅速组建了三个环环相扣、人员互有重叠、宗旨完全相同的委员会。其中一个委员会的职责是起草独立宣言，另一个起草通商与联盟模范条约（Model Treaty），第三个起草国内邦联条例。这些文件的目的均是在当代国际法的框架下申述国家主权。《独立宣言》旨在界定主权；通商与联盟模范条约旨在制定和颁布施行；[14]《邦联条例》的条例二旨在捍卫十三个邦各自的主权（"各邦保留自身的主权、自由和独立"），

但只有大陆会议有权代表各邦行使表达国际关系的权力（分别见条例六和条例四，大陆会议因此享有“唯一的全权决定和平与战争”的权力）。[15]

自 1775 年秋，获得欧洲其他国家的认可和援助变得日趋重要。1775 年 10 月，约翰·亚当斯开始疑惑，美利坚派遣到外国的使节可能会遭到拒斥：“我们的建议和使者不会遭人轻视吗？”[16] 理查德·亨利·李也在 1776 年 4 月写道：“只要我们仍将自己看作大英帝国的臣民，就不会有任何一个欧洲国家愿意与我们打交道或与我们进行贸易。荣誉、尊严和国际礼仪都不允许这样做，除非有一天我们获得了独立。”[17] 因此，殖民地人民极有必要建立法律上的实体，这样便可与欧洲各国展开贸易并建立联盟。 36

依据国际礼仪对民族独立进行最全面的阐述的是托马斯·潘恩（Thomas Paine）一度极为畅销的小册子《常识》（*Common Sense*），时间是 1776 年 1 月。在该书的结尾部分，潘恩说：“要解决我们的问题，再便捷的莫过于公开而坚定地发布一个独立宣言。”只有独立了，才有可能出现调停者在联合邦和大不列颠之间斡旋和平；没有调停和斡旋，“我们只会无休止地争吵下去”。不独立，也不能指望与外国建立联盟：请求法兰西和西班牙协助殖民地而只为与不列颠达成妥协是徒劳无功的。如果不宣布独立，那么反叛的指控总是成立：“在外国人眼中，我们无非是一群反叛者。”此外，“发布宣言并将其送抵外国政府”，说明殖民地人民所遭受的种种冤屈，正义得不到伸张，故而有分离的必要，并“与此同时告之各国政府，力陈我们自身和平的禀赋和与之通商的意愿”，这一点已经变得至关重要。这样的宣言一天不发布，“各国政府便会一天反对我们，直到通过宣布独立，我们与其他国家实现平起平坐”。[18] 37

整个 1776 年春及夏初，潘恩的慷慨陈词在各式各样的宣讲、演说和决议中频频被引用和重申，从地方一直到参加大陆会议的代表中间。例如，1776 年 4 月，北卡罗来纳代表团被敦促“要与其他殖民地的代表一道宣布独立并与外邦诸国建立联盟”，而弗吉尼亚夏洛特县的代表也接到指示，要求他们“摆脱英人的束缚，与任何对我方事业友善的外邦建立商业联盟”。

次月，马萨诸塞的马尔登县也发来类似的指示，表示“我们衷心希望美利坚能够成为一个自由和独立的国家”；1776 年 6 月，康涅狄格的代表接到指示，嘱其“宣布联合一致的殖民地为自由和独立的国家”。[19]

上述指示如同《独立宣言》一样，将潘恩在《常识》中力陈的两个论点忠实地结合到了一起，即：美利坚殖民地应独立，该政府采取非君主制的共和制，也即“自由的……国家”。16 世纪末，“国家”（state）一词已清晰具
38 备了流传至今的现代内涵，即非个人的政治权力，与权力持有者截然分开。在英语为母语的政治话语中，“自由国家”特指非君主制政体，比如 1649 年英王查理一世被处死之后建立的“联邦式自由政体”（Commonwealth and Free State）。[20] 正如美国历史学家大卫·拉姆塞（David Ramsay）在 1778 年美国独立二周年时所指出的那样，“独立是基于平等原则之上形成的政府的先决条件……作为不列颠的属国，我们的自由便无从谈起；除了基于自由意志的政府，还有什么可以算作是自由国家呢？”[21]“自由和独立的国家”因此就是共和政府，它不再效忠于英国的国王，而遵从流行的国际法准则。

1776 年标准的国际法准则指南是瑞士法学家埃默·德·瓦特尔（Emer de Vattel）的简明法律手册《国际法》（*The Law of Nations*，1758）。[22] 瓦特尔的法律手册是“七年战争”初期阶段的产物。该书最初是用当时欧洲主导的外交语言法语写成的，但刚一出版便被译成了英文。因此，在此后一个半世纪以上的时间里，该书在欧美成为针对这一主题的标准文本，我们当今所谓国际法和国
39 际关系中许多关键术语的界定也因此在欧美外交世界变得规范。[23]

在瓦特尔的国家定义中，独立是至为根本的条件：

> 任一群体，不论采取任何形式，如若不依赖任一外国势力而能够实现自我管理，便可称作一**主权国家**。该主权国家与任何其他国家享有同等的权利，主权国家系生活在国际法治下的自然社会中的道德人。任一人群欲加入这一伟大的社会，必先真正地拥有主权并实现独立，即拥有权威和自己的法律实现对这一既定人群的管辖。

独立的主权国家具有其组成成分的人的某些特征：“组成国家的人在公民社会形成之前处于一种无拘无束的自由和独立的自然状态，既然如此，由其组成的国家或主权国家也必须被视作生活在自然状态中的自由人一样。”基于此，瓦特尔得出两个所有国家必须遵从的规定：每个国家必须能够同时
增进所有其他国家的幸福和完善；因为国家之间彼此是自由和独立的，所以 40
国家间不得干涉彼此和平享有自由的权利。瓦特尔认为，既然国家是自由、独立和平等的，那么他们在享受权利方面必须是完全平等的。但这种权利却不能超越国际法：国家虽则自由和独立，但仍需遵守大自然在人世间创设的社会法则。[24]

在瓦特尔之前，从没有哪个国际法作家如此贯通始终地——且坚持不懈地——强调自由、独立和相互间的依赖并以此作为国家存在及处理国家间关系的前提。《独立宣言》的作者们很快便接受了瓦特尔反复重申的命题，即国家是“自由和独立的”，并以此作为自身立国的基本理念。他们的这种做法等于践行了瓦特尔的核心命题——用当时英文译者的话说——“独立是一国成立的必要条件”，其目的在确保“国家有能力遵守自然及人世间的公众社会对其给出的规定和要求”。[25]随着时间的推移，这一说法演变成了现代国际法中的标准定义，即独立乃“国与国之间建立关系的前提条件”[26]。

《独立宣言》中的国家观念非常接近瓦特尔的界定，这绝非偶然。1774 41
年 10 月，詹姆斯·麦迪逊（James Madison）就得知“瓦特尔、博拉马奎（Barlemaqui）、洛克和孟德斯鸠等人的著作系［大陆会议］解决各殖民地的权利问题或调停司法与财产纠纷时参考的标准”[27]。就在一年以后的 1775 年，本杰明·富兰克林（Benjamin Franklin）为大陆会议找来了瓦特尔著作的最新版本，因为“日渐繁忙的国事使得［大陆会议］经常有必要参考国际法”。富兰克林一共搞到了三本，一本送交费城图书公司（Library Company），一本送交哈佛学院的图书馆，还有一本送交大陆会议。（大陆会议的那一本现已遗失，但另外两本依然保存在富兰克林送抵的图书馆。）这

本书马上就派上了用场：富兰克林 1775 年 12 月曾致函瓦特尔著作的编辑杜马斯（C. G. F. Dumas），称“现正在进行的大陆会议的代表们不停地翻阅”[28] 这本书。《独立宣言》中认定的“世界各国之间依照自然法则和自然神明”建立“自由和独立的国家”的前景显然借自瓦特尔有关自然法框架下运作的自由和独立国家的观念，所以说富兰克林的话绝非虚言。

1776 年国际上对国家的界定突出国家的自由和独立特征，其相对新颖
42 性可通过比较美国《独立宣言》与此前的两份后来也被称为“独立宣言”的文本而得知：其一是《阿布罗斯宣言》（Declaration of Arbroath，1320）（即“苏格兰独立宣言”），其二是《荷兰誓绝法案》（Dutch Act of Abjuration，1581）（“荷兰独立宣言”）。《阿布罗斯宣言》是以多位苏格兰伯爵与男爵的名义致教皇约翰二十二世的，敦促后者用他的影响力促成苏格兰王罗伯特·布鲁斯（Robert Bruce）与英王爱德华二世的和谈。宣言称苏格兰自古以来就是一个享有完全自由的国家，其自由观念可上溯到罗马史学家萨鲁斯特（Sallust）。因此，宣言的主张是向后看的或落后的并具有防御性。[29] 事实上，这份文件在 20 世纪以前从未被称作苏格兰独立宣言；不过这一最新的谱系并不能阻止美国国会在 1998 年断言 1776 年的《独立宣言》乃受 1320 年那份“富有启发性的文件”影响，自此，国会参众两院每年对此予以重申，并提议每年的 4 月 6 日为全国花格子呢日（National Tartan Day），即《阿布罗斯宣言》当年发布的日子。[30]

《荷兰誓绝法案》（Plakkaat van Verlatinge）是 1581 年 7 月各省邦联议会（States General）摆脱西班牙王菲利普统治的一个法案，不过在摆脱菲利普王统治的同时，各省邦联议会却试图寻找“另外一个强大而仁慈的君主保护各省”。从这个意义上说，该法案的目的是要各省联邦寄居在一位新君主
43 即安茹公爵（Duke of Anjou）的翼下。[31] 法案的基点是自 14 世纪以来便不断被重申和定期强化的历史的和契约的权利，而不是诉诸自然法或其他超越历史和积极协议的抽象权利。不过，在亲英的（也是反美的）荷兰执政王奥伦治的威廉五世看来，美国《独立宣言》在形式上——声言有权摆脱暴君的统

治并列举自身遭受的冤屈——非常接近荷兰人的法案，亲王甚至在 1776 年 8 月称《独立宣言》“不过是模仿我们的先辈反抗菲利普王时公布的法案”[32]。

不过，称《荷兰誓绝法案》为美国的《独立宣言》提供了范本至多有某种间接证据。[33] 而且即使如此，前者中并未见独立的宣示，且前者在最初发布之后的很长一段时间内并非如此称谓，只是在美国《独立宣言》备受瞩目后才被称作荷兰的独立宣言，至少在 19 世纪 90 年代尚没有这种说法。这种说法的最终问世也是在美国而不是荷兰，而且是在一段时间“荷兰热”（Holland Mania）的氛围中间世的，在这一氛围的影响下，史学家非常热衷比较这两个共和国的历史，并试图追溯美国体制的诸多起源，比如将宗教与出版自由的传统追溯至荷兰的源头。[34] 这种对诸如多种独立宣言一类的历史 44
文本的迟来的洗礼更多地显示出美国《独立宣言》的威望和显赫地位，而恰恰不是其真正的或尊贵的谱系。

不过另一方面，1776 年《独立宣言》虽然缺少严格的谱系先例，但我们却不能因此认为当时的大陆会议不重视历史的教训或联合邦加入国际共同体的全球背景根由。1776 年 6 至 7 月份，参加李的提案决议案辩论的双方都充分考虑到了支持或反对独立的多个历史先例和教训。[35] 反对独立者称法国和西班牙都不可能愿意与殖民地诸邦结盟，因为它们害怕一个日渐强大的国家会危及它们在美洲的财产归属。更可怕的是，这种恐惧会促使法西与大不列颠结盟，后者因此“会同意分割我们的领土，把加拿大归还给法国，把佛罗里达附近地区交给西班牙，而［法西］也可因此收复其他的殖民地”，这“其他的殖民地”正是 1763 年“七年战争”后法西被迫割让给大不列颠的。[36]

战争爆发之后，考虑到近期其他一些国际事件，许多殖民地人觉得瓜分的危险真实在即。因此，约翰·迪金森代表在大陆会议正在召开的 1776 年 7 月 1 日发出了如下的警告：“如果大不列颠征服不了我们，那么殖民地诸邦必将遭瓜分”；这就好像“旧屋已不在，新屋未成便遭毁坏，而严冬降至， 45
我们尚有一家妻儿老小”。[37] 甚至在《宣言》发布之后，还有宾夕法尼亚的另一位代表本杰明·拉什（Benjamin Rush）表示，这样做的后果只能是激励英国与欧洲其他列强合作并加大军事镇压的力度。他在1776年7月23日问道："若美利坚诸邦被两个或三个外邦占领，有两股或三股欧洲强国的大军登临美利坚海岸，你们会做何感想？"[38]

从欧洲的外交惯例来看，这种担忧并不是没有道理。1768年，热那亚曾邀请法国镇压发生在地中海上科西嘉岛的反叛，反叛的领导者是巴斯卡尔·保利（Pascal Paoli），其英雄事迹为美利坚殖民地人所熟知并广为传扬，尤其是他自1765年发动反叛以来遭遇的困境。[39]（宾夕法尼亚州有个保利镇，至今犹在，由此可见殖民时代的人民对科西嘉独立的热忱。）1772年，普鲁士、俄罗斯、奥地利三国开始第一次瓜分当时欧洲最大的国家——波兰，当时的美利坚殖民地人对此及其他一系列事件带着某种不安或焦虑予以了密切关注。[40]

正因为怀揣着这种令人焦躁不安的先例，丹尼尔·莱昂纳德（Daniel Leonard）1775年警告说，大不列颠很有可能与法、西结盟，那时候"整个美洲大陆将很快成为它们的囊中猎物，美利坚将像波兰一样被瓜分"，1776年4
46 月的理查德·亨利·李也在思考："只需稍稍留意欧洲各国近来发生一系列事件便不难得知这个腐朽的时代兴起的瓜分热潮，某些人自觉有权处置其他人或国家，就如同处置农场上的牲畜一样，……科西嘉、波兰的事例足以证明这一点。"[41]一年以后的1777年4月，托马斯·潘恩证实说，《独立宣言》的讨论和发布确曾伴随着强烈的畏惧情绪："当时确有理由相信不列颠会按欧洲的方式处理。"他同样引证了科西嘉和波兰的事例说"此类联合瓜分的做法在旧世界习以为常"。他的结论是："那时候，整个欧洲都乐于将我们视作反叛，而此时，整个欧洲（至少是大部分欧洲）都乐于将我们看作独立的国家。"[42]

因此，反对独立的人提议推迟宣布，免得成立一个松散的诸殖民地"联邦"之类的政府之后又出现分裂，然后欧洲列强便会乘虚而入。在大陆会议上支持独立的人引证历史对此反驳说：诸邦的协调一致固然不可骤得，但即使如此，"荷兰革命发起之时也不过三个邦的联合，这足以说明其后某些殖民地的脱离并不像某些人想象得那样危险"[43]。

荷兰革命是欧洲现代史上第一个一省以反叛的形式成功脱离帝国王朝的统治的。美利坚殖民地的人民非常清楚这一先例，他们所建立起的自由邦 47
联合体（federation of free states）也颇为相似。[44] 1781 年 4 月，在尼德兰联邦表示声援美利坚人的革命事业之后，阿比盖尔·亚当斯（Abigail Adams）写道："如果他们身上还确有一些老巴达维亚精神（the old Batavian Spirit）的话，不列颠肯定会后悔当初违背国际法，纠集了所有中立国的武力用以对付那些毫无防御能力的领地的臣民。"她认为两地人相同的事业"会在美利坚联合邦与尼德兰联邦之间铸就一条牢不可破的纽带，相同的境遇促使他们蔑视来自菲利普和乔治奴役、压迫，并奋起独立"[45]。约翰·亚当斯在同月也以类似的笔调致函荷兰联邦总督："两共和国的起源非常相似，一国的历史竟如同另一国历史的脚本一般。"[46] 既然学者们竞相拿这两个联邦做比较，那么 17—18 世纪的尼德兰联邦有时在英语中被称作"联合邦"就不足为奇了。因此，大陆会议在制定《模范条约》时参考的各国条约辑中有一则 1667 年盎格鲁-西班牙条约，被直接称为"低地国家的联合邦"。[47]

独立的支持者又以当前国际事务中急需美方的许诺为由加强上述的历史论证。他们强调指出，没有独立宣言，便会出现"与欧洲列强打交道不合 48
礼仪的问题，后者甚至会因此对我们不予理睬，或不接受我们派出的大使"。法、西两国更惧怕不列颠在美利坚取胜以及随之而来的英国势力的强大，相比之下，他们倒宁愿看到殖民地诸邦强盛起来。更何况现实的境况要求殖民地诸邦立即做出反应，因为"为民众计，我们也必须马上开通贸易，这里的人需要购买衣物，需要钱来交税"[48]。

在大陆会议 7 月 1 日的辩论中，约翰·迪金森拿出了最后的撒手锏以反对宣布独立，他警告说，任何形式的公开宣言都无济于事，因为"外国列强根本就不在意我们的一纸空文"。他建议与欧洲列强（尤其是法国）进行私下协商："我们不要空泛地谈论外国列强，而要有针对性地谈论那些可能对我们怀有善意的国家。"[49] 不过在此时，外交使节已经被派往欧洲，主导大陆会议的情绪是赞同宣布独立。李的提案在 7 月 2 日以全票通过，没有任何异议，这是由于宾夕法尼亚代表团、南卡罗来纳代表团和此前意见不一的特拉华代表团临时改变立场，投了赞成票。[50] 即使如此，约翰·亚当斯在 7 月 3 日还是哀叹事关独立的议案被耽搁了太久的时间（“我们本可以在此时与外邦诸国建立了联盟关系——我们本该已经拿下了魁北克并将加拿大据为己有”），但这一时刻的最终到来仍令他兴奋不已：“1776 年的 7 月 2 日是美利
49 坚历史上最令人难忘的历史拐点”，所以“从此以后应该被当作一个美洲的‘拯救日’（Day of Deliverance）永远纪念”。[51]

不过在后世人看来，亚当斯既为庆典选错了日子，又为纪念美国独立选错了文件。在当时，亚当斯的选择尚情有可原，因为他强调李的提案一发不可再回头的重要性。相比之下，诉诸人类公意的《独立宣言》严格地说只是次等重要的一份文件。

在《独立宣言》最终批准之前，大陆会议就其措辞展开了三天的激烈辩论。7 月 4 日前的三周，大陆会议任命了由本杰明·富兰克林、托马斯·杰斐逊、约翰·亚当斯、罗杰·谢尔曼（Roger Sherman）和罗伯特·R. 利文斯顿（Robert R. Livingston）组成的一个五人委员会起草《独立宣言》。[52] 6 月 28 日，杰斐逊向大陆会议汇报了该委员会的成果，但有关《独立宣言》草案的事却被搁置到了李的提案投票通过之后。

杰斐逊提交的书面文字是在大陆会议繁忙的工作压力下写就的，其间征询了五人委员会其他成员的意见。从文件的结构组成看，他借鉴了其他一系列相关文件，包括此前他为《弗吉尼亚宪法》撰写的序言、乔治·梅
50 森（George Mason）撰写的《弗吉尼亚权利宣言》（Virginia Declaration of Rights）以及李本人提交的独立决议案文本，所以说杰斐逊提交的“原草稿”就是对既有文字的巧妙拼装。在形式上，它既是一篇檄文——《武装反抗……宣言》等于发出了战斗的号角，也是一则宣言，即文中详述了支持“上诉世界法庭”的一系列证据，诚如杰斐逊在 1825 年的回忆录中所指出的那样。宣言的核心是“大不列颠国王的历史”上的诸多罪状，其中大部分来自他曾书写的《弗吉尼亚宪法》序言。[53]

杰斐逊所述“[大不列颠国王]一再伤害和强取豪夺的历史，所有这些暴行的直接目的就是要在这些邦建立一种绝对的暴政”，这种说法是自1774年以来弥漫在大陆会议官方正式文件中的阴谋理论的制高点。1774年10月发布的《致殖民地居民》的文告中就曾列举“最近战事结束”（即1763年结束的“七年战争”）以来大不列颠国王针对殖民地诸邦所实施的一系列立法及其他阴谋。大陆会议方不无兴致地列举了一系列证据，说明“[大不列颠]现已通过并正在实施一项铲灭诸邦人民自由的决议，其手段就是将诸邦置于暴政的统治之下”[54]。

大陆会议将这一在全球范围——因大英帝国的疆域涵盖全球多地——展开的阴谋公之于殖民地十三个邦以外的广大受众。1774年10月，大陆会议 51
告知魁北克的居民：“[大不列颠]国王及其帮臣（Ministers）花言巧语，但其真实的目的只有一个，就是将其暴政延伸至贵省，其暴戾恣睢丝毫不亚于亚洲和非洲的暴君。”次年，大陆会议更是向牙买加议会通告了一项更加全面的“别有用心的毁灭计划，即剥夺帝国范围之内各个地区的自由宪法，虽然大不列颠本身长久以来且恰如其分地因此而闻名于世”：

> 东印度群岛的居民因柔弱而被轻而易举地征服，所以他们觉得在此丝毫不需掩盖其露骨的暴政。……在不列颠，自由的箴言虽广为人知，但无奈纸醉金迷的生活早已使人对自由不再心生敬意，这里的暴政采取了更加隐蔽的间接方式：以故意为之的腐败破坏自由。美利坚人一不像东印度群岛居民那般柔弱，二不似大不列颠的臣属那样纸醉金迷，所以无论是贿赂还是不加掩饰的暴力均不能奏效。

因此之故，大陆会议在1775年7月发给爱尔兰居民的一份文告中说：
“我们业已被迫卷入一场意义重大的斗争，其结果将关乎欧洲的每一个国家， 52
尤其是大英帝国的属国。”[55]

美利坚冲突的双方均指控对方有阴谋，美利坚人称不列颠人意在实施暴政，不列颠人反驳说美利坚人旨在脱离，但只有美利坚人将这种怀疑的论调播散至全世界。[56]他们这样做的目的部分是为了赢得帝国其他地区人民的支持：如果美利坚殖民地诸邦屈从于不列颠国王及其臣属的暴政，那么还有什么人能够摆脱大不列颠暴政的铁蹄？不过，如果美利坚人的立论不能产生更大范围的共鸣，他们就很难指望自己的指控能够说服魁北克人或爱尔兰人。

自17世纪中叶，英格兰以及后来不列颠的政治话语传统是将北欧和美利坚殖民地的自由描写成是需要通过艰苦斗争、坚持不懈的战斗且时刻需要捍卫的珍惜之物，因为这个世界上的多数人是由奴隶和统治奴隶的暴君组成的。英国政治经济学家阿瑟·杨格（Arthur Young）1772年慨言："自由乃人类与生俱来的自然权利；然纵观世界，真正享有自由者却何等稀少！"据杨格估算，全世界当时约有7亿7 530万人，其中只有3 350万人可以不计入"暴君统治下的悲惨的奴隶范畴之内……而在这少量的人群中又有1 250万人属于大英帝国的臣属"[57]。

53 上述观点在潘恩的《常识》中得到了最酣畅流利的表达，他在这本小册子的结尾部分以令人振奋的笔调述说了美利坚人遭受的种种伤害：

> 你们自称热爱人类，不只敢于反抗暴政，还要与暴君斗争，那么就请站出来吧！这个世界的每一个角落都充斥着压迫。自由处处遭到迫害。亚洲和非洲已将自由放逐，欧洲把自由视为异己，英格兰勒令自由滚开。噢！张开双臂接收那些逃亡者吧！届时，还要把这里打造成整个人类的避难所！[58]

五个月以后，认同潘恩这一判断的《独立宣言》的起草者也将矛头对准了不列颠国王，称其预谋压制美利坚的臣属。不过，他们并未照搬潘恩的末世般的言辞，而将重点放在席卷全球的暴政中仅适用于美利坚殖民地诸邦的种种细节上。

《宣言》中所列举的不列颠国王"一再伤害和强取豪夺"的事例一概隐

没了地点和时间，这是故意为之。其暗含的意思是，所有针对不列颠国王的多项指控适用于殖民地任一邦或所有邦。[59] 对熟悉 1774—1776 年间美利坚宣传战的人来说，上述指控几乎没有哪一项是完全新鲜的。比如，其中有多项早已出现在 1774 年大陆会议致殖民地诸邦全体居民的公开信和同年杰斐 54
逊所撰写的《英属美利坚人的权利概要》(A Summary View of the Rights of British America) 中。[60] 在《概要》中，杰斐逊是以弗吉尼亚议会的名义致函不列颠国王本人的形式列举上述指控的，并提议成立一个联邦制政府，其中的不列颠国王只是"大英帝国的最高行政官"，而大英帝国则由多个"国家"组成，包括英属美利坚"明确而独立的政府"在内。杰斐逊把"胆大妄为的一系列伤害举动"归咎于大英帝国议会而非国王，以"昭示［大英帝国议会］有一个别有用心的系统计划，旨在将我们贬低为奴隶"。[61]

相比之下，《独立宣言》先是列举了针对殖民地诸邦的一系列滥用职权的一般事例，然后是针对国王的更为具体的指控，称其批准一系列旨在"把我们置于一种与我们的体制格格不入"的法案治下，最后是殖民地居民遭受的身体上和经济上的各种打击。[62] 第一组指控中的事例乃不列颠国王直接干涉殖民地事物所致，称其阻碍殖民地立法，扰乱殖民地议会，劝退移民，干涉司法审判和法律自由，将常备军强加到殖民地诸邦。第二组指控称大不列颠议会通过了一系列丝毫不考虑殖民地诸邦需求的城市立法，包括"切断我们同世界各地的贸易"，"编造罪名把我们递解到海外去受审"以及"在一个 55
邻近地区废除英国法律的自由制度"(即魁北克)。

伴随着修辞上的渐进，第三组指控达到了最高潮，也从国内的管制和殖民立法转到了国际法领域。《宣言》称，不列颠国王"在我们的海域大肆掠夺，蹂躏我们的海岸，焚烧我们的市镇，残害我们人民的生命"。他正在运送大批外国雇佣兵来此，以"完成屠杀、破坏和专制的勾当，这种勾当早就开始了，其残酷卑劣的程度甚至连最野蛮的时代也难出其右。他完全不配做一个文明国家的元首"。他强迫"在公海被他俘虏的我们的公民同胞"充军以反对自己的国家，作为其暴政最为耸人听闻的证据，"他在我们中间煽动内乱，并且竭力挑唆那些残酷无情的印第安人来杀掠我们边疆的居民。众所周知，印第安人的作战方式是不分男女老幼，一律格杀勿论”。

不列颠人对上述劫掠行为指控不置可否，因为他们不愿意“弃绝这种必然会破坏我们彼此关系和往来的无理掠夺”，也就是说会切断殖民地诸邦与
56 世界各国之间的贸易往来。因此，英属美利坚人再无可能维系先前与不列颠人之间的同宗关系，而代之以一种国际法框架下的独立民族的关系：“迫不得已，我们不得不宣布和他们分离。我们会以对待其他民族一样的态度对待他们：战时是仇敌，平时是朋友。”

在大陆会议最终批准并向全世界发布的《独立宣言》版本中，针对不列颠国王乔治三世的一系列指控中最高级别的是其曾试图煽动“内乱”，即挑唆奴隶叛乱，就像其指派的丹莫总督 1775 年在弗吉尼亚发布宣言挑唆奴隶叛乱一样，引来大批“残酷无情的印第安人”，其目的在破坏殖民地的种植园经济。[63]

这些指控暗含的意思是，不列颠国王业已将殖民地诸邦置于文明战争的“界限之外”。18 世纪欧洲各国的习惯法将诸如此类的入侵严格排除在文明行为之外。《独立宣言》暗示，这种将非法暴力和野蛮行径——即以解放奴隶之名行原始战法之实——重新引入殖民地诸邦的做法不只伤害了殖民地人民的感情，更是对日渐成形的国际秩序的公然冒犯。这一指控当然很容易反
57 其道而用之，英国人实际上在美国独立战争期间就曾指控殖民地人违背当时欧洲的战争法而采用野蛮战法。[64]

在杰斐逊《独立宣言》的原草稿中，最后一项针对国王的指控更明确地诉诸国际法和当时欧洲文明的惯例。杰斐逊认为：

> ［乔治三世］发动了一场灭绝人性的残酷战争，公然践踏人类至为神圣的生存权和自由权，对于远在另一半球且从未冒犯过他的一个民族也不放过，他将他们捕获并投入奴役之中，或将他们远涉重洋运到他的那一半球，其间有不少人惨死途中。这种类似海盗式的战争背负着**背信**

弃义的大国的耻辱，竟然是由大不列颠的**基督教**国王所发动……这一恐怖的组合不遵守任何既定的模式，现在，他竟然唆使那些人① 在我们当中发动武装反叛，而那些人为购得先前被国王剥夺的自由便举起屠刀挥向另一群被剥夺自由的人，这样通过唆使前者，不列颠国王用先前剥夺一群人自由所犯下的罪孽，去偿付对另一群人即将犯下的罪孽。

这段话有两点显得异常，其一是杰斐逊本人与奴隶制有关联，其二是参加大陆会议的有些邦的代表希望继续奴隶贸易或至少在 1776 年之前与此有 58
牵连，所以这段话不可避免地会从《独立宣言》的最终版本中去除。杰斐逊这样写道："鉴于南卡罗来纳和佐治亚代表的反对，……谴责贩卖黑奴的条款被去除，……北方的代表也对这种谴责心存疑虑；虽然他们仅有为数不多的奴隶，但确曾将大批黑奴转手他人。"[65] 但不管怎么说，在杰斐逊《独立宣言》的原草稿中，这一指控是针对不列颠国王诸多指控中的逻辑制高点。[66]

将贩奴贸易的罪责一股脑地推到乔治三世的头上现在看来有些令人难以置信，但把"大不列颠的基督教国王"和"背信弃义的大国"与摩洛哥和阿尔及尔对欧洲人发动超越国际法的"海盗式的战争"相提并论，却不由让人想起上述《概要》中对大不列颠国王的指控，称其拒绝废除奴隶贸易却只是"为了几个英国海盗的眼前利益而置美利坚诸邦的长久利益甚至人类的自然权利于不顾，这种臭名昭著的惯例伤害至深"[67]。

与此同时，美利坚的独立还有一层最令人不安的内涵：皇家海军将不再负责保护美利坚的船只免遭专事在地中海地区劫掠商船的巴巴里海盗的侵 59
袭。所以在 1778 年 2 月，当美、法结成第一个防御联盟之时，《法美友好通商条约》就包含如下一条关键的条款，规定"为上述美利坚联合邦的利益、方便和安全计"，法方有提供保护的义务，其中"包括任一邦，任一邦的属民、人员、居民、船只及船上的货物，使其免遭巴巴里王国及其臣属的侵

① 指印第安人。——译注

袭、侮辱、攻击或劫掠”[68]。

大陆会议从《独立宣言》原草稿中删除的最长的一段话具有某种程度的煽动性，因为杰斐逊称英属美利坚的自由居民和遭受奴役者是对等的两个“民族”。在他起草的《独立宣言》原草稿第一段中，杰斐逊这样写道：“在有关人类事务的发展过程中，当**一个民族**必须摆脱其先前一直被圈囿的从属地位……”大陆会议对此进行了修订，于是就成了人们所熟知的：“在有关人类事务的发展过程中，当**一个民族**必须解除其**和另一个民族**之间的政治联系。”在大陆会议通过的《独立宣言》最终版本中，不列颠人和美利坚人被称作两个相互印证的不同“民族”，即两个生活在不同地区政治主权实体的
60 居民和传统国际法——颇通当时法律的人士可能会称之为万民法，罗马法谱系中称之为万国法（*jus gentium*），而当代的法、德法律话语中则称之为所有权法或国际法——框架下的两个单位。文中被删除的有关奴隶贸易的部分和对《宣言》中第一句话的更改打消了原有的非洲人与美利坚人的对立观念，无论是作为“民族”还是作为“从属”的受害者。[69]不过，这正是杰斐逊1785年在《弗吉尼亚州纪事》（Notes on the State of Virginia）中呼吁解放所使用的概念体系：弗吉尼亚立法机关释放全部奴隶并将其发送到西部地区从事殖民，弗吉尼亚人有义务“宣布这些人乃一自由和独立的民族，并与其达成联盟且施以保护”[70]。

《独立宣言》（包括草稿及最终印发的版本）中想象的广阔世界是由良性的和恶性的商业活动联结起来的不同民族或人群。同时，这个世界又是美利坚人和不列颠人及各自的盟友之间战争的一个舞台。世界的主要成员是相互承认的主权国家，却受到来自某些非法势力的威胁，后者的行为更像是海盗，即传统意义上人类的敌人，致力于反人类的战争。[71]在许多方面，这个
61 世界业已呈现出现代世界的特征，其中不同民族和国家之间最显著的互动形式是商业活动和战争。即使在欧洲思想家的头脑中，这种国与国之间互动观念的诞生截至1776年也不过一个世纪的时间。[72]不过在当时的世界，人们

还会诉诸某些形而上的规范，比如“自然法则和上帝的旨意”，同时谈论着所谓“众所周知的战争准则”以及文明与野蛮在文化上的标准。

在这样的一个世界里，大陆会议的与会者真诚地相信通过发布《独立宣言》，他们便把美利坚十三个联合邦推向了世界。在《对美国革命的观察》（1779 年）这本充满自我辩护意味的小册子里，国会将美利坚的独立视为一个既定但可能会遭遇挑战的事实：“我们必须随时准备用武力回击来自各方的挑衅，毫不动摇地反击任何对国际法的侵犯。”如果联合邦的独立被成功捍卫，国际法被成功维护，那么前者就有可能如托马斯·潘恩等所预言的那样，成为被压迫人民的避难所、知识与仁慈的灯塔和全世界范围商贸活动通用的集散地。[73]

这同样也是公理会传教士、耶鲁大学校长埃兹拉·斯泰尔斯（Ezra Stiles）1783 年设想的盛世景观，此时正值大不列颠承认美国独立后不久：

> 这是一场伟大的美国革命，标志着一个新的主权国家在万国之林中 62
> 的崛起，全世界各国各民族的人们都会对这一新近发生的政治现象刮目相看并予以反思。我们的舰船将从此悬挂美利坚的旗帜走遍世界；我们的星条旗将出现在孟加拉和广州，出现在印度河、恒河，出现在黄河、长江……我们从各地收获知识并将其带回美国，在这里消化和完善，届时，经过完善的知识还会从美洲返回到欧洲、亚洲和非洲，用真理和自由把全世界照亮。

斯泰尔斯在两年后即 1785 年出版的布道集《美国的荣耀》（*The United States Elevated to Glory and Honour*）第二版中指出，伴随首批美国东印度公司舰船从广州、澳门和加尔各答返回美洲，上述预言已部分成为现实。[74]《独立宣言》最初只是为美利坚的主权想象出一幅新世界的图景，而今，它将塑造整个世界，因为它已成功推动一个“新的主权国家在万国之林中的崛起”。

第二章 走向世界的《独立宣言》 63

在1776年以后的数十年里，《独立宣言》在美国之外比在国内得到了更多的关注，只不过此时的关注者并不在意《宣言》的第二段。事实上，大多数回应要么是驳斥对乔治三世的指控，要么是反思美国独立对18世纪末大西洋世界日渐成形的国际秩序的蕴含。

国内的党派纷争，国外对独立本质的辩论，终于在1815年以后使美国人觉得有必要恢复《独立宣言》的地位了。既然《宣言》宣称要面对"人类
公意"和一个"公正的世界"，那么对美国人而言，当务之急是从这个大的 64
世界背景中解脱出来，寻找其独特的美国特征。这种地方化的努力产生了两种程度相当但方向相反的影响：首先，这使得美国人看不到《宣言》的原初旨趣，即它本来具有的一种国际性甚至全球性内涵；其次，这使得在美国国内，只有奴隶制的提倡者、南方分裂主义的支持者和权利话语的反个人主义批评家才有可能回忆起《宣言》的原初内涵。

在世人的眼中，美国独立已是不争的事实；正是这一来自世界的确认见证了《宣言》在美国人心目中的意义的转变。诚如美国总统伍德罗·威尔逊（Woodrow Wilson）1914年7月4日在费城独立厅的讲话中所指出的那样："从某种意义上说，《独立宣言》已经失去了意义。作为国家独立的声明，它就不再有意义。……现在世界上没有人怀疑我们是独立的并且可以保持我们的独立性。因此，作为独立宣言，它只不过是一份历史文件。"[1]

1776年《独立宣言》背后的原初动机是向世界舆论陈词，说明殖民地

的一群人有权利组成十三个邦并以此名义进入国际社会，享有与其他国家同等的地位。《宣言》的作者们试图让美利坚联合邦加入一个既有的国际秩序；
65 为此，他们选择使用了世界各国能够理解的措辞加以陈述，而大陆会议方也希望《宣言》能够得到后者的认可。詹姆斯·威尔逊（James Wilson）1777年1月解释说："我们在与欧洲各国打交道时要遵守国际规范，既不能超越，也不能谎称做不到，这一点非常重要。"[2] 从这个意义上说，《独立宣言》向世界传递的信息是：美国革命其实根本不具备革命性，美国人要做的是强化而不是背离欧洲的政治理念，美国人保证严格遵守当代政治的监管规范，美国最不希望《宣言》在世界其他地方被当作煽动叛乱或革命的口实，而不是作为自身改革的诱因。[3]

有学者称《独立宣言》是"在万国法而非市民法的话语框架下生成和发布的"[4]。不过，《宣言》成功为美国赢得独立的事实却通常使人忽略这一点。《独立宣言》开头和结尾的声明被视作理所当然，因为回头来看，声明似乎一劳永逸地肯定了独立的恰切性。然而，声明在《宣言》中的地位最为显赫，这也正是联合邦政府所梦寐以求的，即"在世界各国之间依照自
66 然法则和自然神明，取得独立和平等的地位"，并在实现这一目标后能够有权"宣战、媾和、结盟、通商并处理**独立国家**理当处理的一切事务和事宜"。《宣言》的其他部分只是交代了上述在国际秩序中争取相应地位主张的抽象立论原则并陈述联合邦所遭受的种种屈辱，所以才被迫寻求在"世界各国"中的独立。

如今，上述对《独立宣言》的理解多已为人们所忘记，但这种理解在1776年以后差不多半个世纪的时间里却非常普遍，即使是在美国本土的评论家中间也是一样。因此，约翰·亚当斯1781年称《宣言》为"那部令人难忘的法案，[联合邦]因之获得了与世界各国平等的地位"。1789年7月4日，一群寄居法国的美国人致函托马斯·杰斐逊，称该文件乃"一种宣示行为，向全世界宣布了一个帝国的存在"。史学家大卫·拉姆塞在其《美国革命史》（1789年）一书中认为，《宣言》是"联合一致的殖民地宣布脱

离大英帝国政府并宣告独立的行为”。约翰·昆西·亚当斯（John Quincy Adams）在 1821 年的独立日演讲中指出，“就其重要性而言，《独立宣言》只是一份很**偶然的**官方文件。它向世界庄严宣告了大英帝国一个很小的人
群决意摆脱不列颠国王统治、放弃其保护的多个缘由，他们同时决意断绝 67
与不列颠人的社会关系”。数年后，当初与亚当斯颇有分歧的约翰·C. 卡尔霍恩（John C. Calhoun）也对此表示认同：“该法案事实上是一个正式的和庄严的宣示，它向世界说明殖民地从此不再是依附的群体，而是自由的和独立的国家。”[5]

强调《独立宣言》的建国作用，部分原因是美国人要对 18 世纪 70 年代流行一时的反对革命、批判天赋人权的学说做出回应，这也同时预示着 18 世纪 90 年代法国的《人权宣言》会遭到更加猛烈的批判。法国大革命对美国的独立事业当然还会投下其他阴影。有法国革命者声称法国大革命乃受美国革命的启发，这就使那些担心大西洋世界的政治和外交秩序会遭彻底毁灭的人士对诸如《独立宣言》之类的重要文件心存疑惧，觉得它危险之至。如今把美法革命相提并论已司空见惯，并将二者笼统地归入“民主革命的时代”或“革命时代”，但这种鉴定掩盖了当时的国际背景和两场革命的主要差别。[6]

国际事务甚至构成影响美国人理解《独立宣言》内涵的一个决定因素。
《宣言》被提升至“美国圣经”的地位，其中的第二款成为核心并因此变得 68
异常圣洁，这种情况只能发生在下述条件下，即：世上再没有人怀疑美法革命乃同一场运动的两个截然不同的时刻，虽然二者均对既定秩序做出反应。用德国反革命作家弗里德里希·根茨（Friedrich Gentz）的话（约翰·昆西·亚当斯在 1800 年将其译成英语）说：“就美国人自始至终的作为来看，美国革命只不过是一种**防御性的革命**；而法国革命则自始至终都是一场**进攻性的革命**，而且是最具毁灭性的进攻。”根茨感到遗憾的是，美国人在《宣言》中使用了一些“华而不实的词汇”，宣称人有所谓天赋的且不可剥夺的权利，不过好在“他们没有让这种投机的想法直接影响自身切合实际的举措

和决心”。他们发起的是一场法律革命，针对的是具体的压迫行为，而不是君主制本身。基于上述理由，“美法结盟**本身**并没有什么不自然或反叛的迹象，与国际法的理念和自我保护的原则也不存在无可调和之处”。[7]

国际法的理念本身在 18 世纪末也在改变，随之，作为国际法文件的《独
69 立宣言》的解读自然就发生了变化。也就在这一时期，“此前一直与自然法密不可分的国际法逐渐地……被理解为实证法，由主权国家共同制定，通过授权的集体行动的方式得以执行，而实证法的目的也变得日趋复杂化”[8]。一位当代的评论家这样解释道：“此时的自然法显得过于简单，几乎无法应对个体人之间的复杂关系，更何谈彼此间贸易日趋频繁的国与国之间的关系。”不同国家间就这样在实践中通过协商修正着自然法：“两国通过这种方式建立起来的权利和义务关系逐渐地演变成实证法。称其**实证**、个别或主观是与先前的自然、普适和必然相对应。”[9]托马斯·杰斐逊本人 1793 年的一席话对这一时期的普遍看法做了很好的概括：“国际法……有三个组成部分。一、人类本性的道德律；二、不同国家的惯例；三、国家间的特别公约。”[10]这些互有重叠的国际法观念对 1776 年以后几十年中《独立宣言》在美国之外的接受产生了决定性的影响。

1776 年夏秋之间，有关美利坚独立的报道迅速穿过大西洋并深入欧陆。
70 大陆会议在 7 月 2 日通过决议案之后仅仅两个月，美利坚独立的消息已经传至华沙。[11] 18 世纪末如此迅速的传递过程和路径足以说明当时的报刊以及间谍网络的发达，后者赖以生存的就是这种信息的有效传递。其大致的路径是伦敦、苏格兰、爱尔兰、荷兰，然后是德意志本土、斯堪的纳维亚半岛、南欧和东欧，整个传递的时间应在八周之内。

在伦敦，《独立宣言》的文本最初是 1776 年 8 月的第二周在多家报纸上刊登的。[12]不到一周之后，《宣言》就出现在爱丁堡的报纸上，（积极支持美利坚独立的）哲学家及历史学家大卫·休谟（David Hume）可能在 8 月 20 日就已经读过了，也就是在他 8 月 25 日去世的五天前；都柏林报纸的最初

刊载是在 8 月 24 日。[13] 次周，马德里的报纸在 8 月 27 日对此进行了报道，荷兰报业——首先是发行极广的《莱顿公报》(*Gazette de Leyde*)——报道的时间是 8 月 30 日，第二天，维也纳的报纸也做了刊登。[14] 9 月 2 日，丹麦哥本哈根的一家报纸在头版刊登了《独立宣言》的译文。9 月 14 日，佛罗伦萨已有 14 人听说过这则消息。次月，《独立宣言》完整的德文译本刊载在瑞士巴塞尔的一家刊物上。[15]

《独立宣言》最初虽经 18 世纪末的报刊媒介得以迅速传播，但其传播的速度还是受到语言的影响，因为《宣言》是用英语写成的。当时最重要的外 71 交语言是法语，而不是英语，英语在欧美甚至还算不上一种学术通用语。[16] 据阿瑟·杨格 1772 年的估算，当时在全世界范围内，讲英语的不过“大英帝国子民”的 1 250 万人，也就是说还不及当时奥地利（高于 1 500 万）和俄罗斯（差不多 1 900 万）的人口总数，略多于当时法国人口（2 400 万）的一半，远不及奥斯曼苏丹子民（2 800 万至 3 000 万）的一半，更不要说大清帝国 1776 年近 2.7 亿的子民了。[17]

虽然英语对《独立宣言》的传播没有特别的助益，但伴随着美国的独立，英语逐渐确立了其在全球的统治地位。约翰·亚当斯在 1780 年预言，“在下一个世纪及以后的数世纪，英语将取代既往时代的拉丁语和本世纪的法语而成为世界通用语”[18]。(颇值得注意的是，《独立宣言》自 1776 年发布以后似乎从未被翻译成拉丁语。)两年后，大不列颠驻法国巴黎和平委员会秘书苏格兰人卡勒布·怀特福德（Caleb Whitefoord）对此表示同意：法国人奚落说“美国会成为世界上最大的帝国”，卡勒布回答：“是的，而且美 72 国人都会讲英语，他们每一个人。”[19] 当然，他们中并不是每个人都讲英语。殖民地时代的美利坚有多个民族混居，其中包括荷兰人、德意志人、法国人、非洲人、不列颠人和爱尔兰人。事实上，《独立宣言》最早是在 1776 年 7 月 6 日至 9 日被译成德文，先是单面印刷的活页，后来刊载在费城的一家报纸上，以方便当地社区的德意志人阅读。[20]

1776 年下半年，在法国、意大利、德国、波兰、瑞士或西班牙都很少有人直接提及或有针对性地评论《独立宣言》。那里的人们只是影影绰绰地听说了有所谓独立的消息，所以其对欧洲的直接影响可谓微乎其微。[21]《独立宣言》仅仅在英格兰和爱尔兰产生了直接的政治影响。支持不列颠的人预言说“《独立宣言》一发布，那些尚在英格兰的倡导者［美利坚人］肯定从此不敢作声了”[22]，而美利坚的坚定支持者可能对宣言的发布感到欢欣鼓舞。同情美利坚人的骑墙派此时开始退缩，因为大陆会议显然在其与大不列颠的冲突中抱定了绝不回头的立场。[23]比如埃德蒙·伯克后来曾颇富戏剧式地说：“那一天他第一次听说美利坚各邦宣布独立了，他对此感到深恶痛绝；他简直六魂出窍，因为在他看来，独立不只对美利坚根本不利，而且大不列颠也绝不会答应。绝不会！绝不会！绝不会！”[24]

73 反对美利坚叛乱的不列颠和美利坚保皇派一方面谴责殖民地人的自以为是，另一方面又庆幸蓄谋已久的独立阴谋最终大白于天下。驻扎在史坦顿岛的不列颠海军上将理查德·豪（Richard Howe）的秘书安布罗斯·瑟尔（Ambrose Serle）对1776年7月13日发布的《独立宣言》表示非常恐怖：“这恐怕是有史以来最放肆、最虚伪、最残忍的宣言。”[25]豪将军1776年8月将最早问世的一份宣言送抵伦敦。他也承认这份宣言业已改变了不列颠人和美利坚殖民地人之间的关系。当时他正在史坦顿岛接见大陆会议的一个代表团，其中包括约翰·亚当斯、本杰明·富兰克林和爱德华·鲁特里奇（Edward Rutledge），时间是1776年9月。“他们发布《独立宣言》……从根本上改变了整个规则，如不能克服这一障碍，他便无权染指所有的条约……他没有权力，也不想越权将殖民地各邦看作一群独立的国家。”[26]

当时跨越大西洋最有效地传递《独立宣言》的倒不是大陆会议的间谍，而是大不列颠驻北美的文官及军事官员。1776年秋季，这些军官们就把五份《独立宣言》送抵不列颠，当然这些后来都成了大不列颠收藏的政府文件。这
74 些被收藏的版本是后来美国之外数量最多的。[27]只不过在当时，这些文件并未引起高层的及时反应。当时可能的反应由已遭驱逐的前马萨诸塞总督托马斯·哈钦森（Thomas Hutchinson）的一席话可见一斑，《独立宣言》抵达时他

正在伦敦："大陆会议颁布的是一份臭名昭著的文件，里面列举的所谓国王实施暴政的大量事例都是谎言，其目的只是要宣布独立。"[28] 颇有意思的是，哈钦森在 1776 年 7 月 4 日收到了当时英国最保守的牛津大学授予的荣誉学位。几周以后，他也发表了一篇评论《独立宣言》的文章，这在当时的不列颠是仅有的两个直接回应中的一篇；他当然有理由这样做，因为《宣言》中一些最严厉的指控是直接针对他的。[29] 哈钦森自然认同乔治三世在 1776 年 10 月 31 日两院联席会议上发表的演说，其中谴责美利坚殖民地领袖的那种"孤注一掷、胆大妄为"，竟然"以集体反叛之实假称独立国家之名"。[30]

在大西洋西侧的这一边，政府对《独立宣言》的回应是压制从而不使人知，而不是去反驳它。1776 年 8 月，当美利坚宣布独立的消息抵达不列颠在新斯科舍的殖民地时，驻扎在这里的总督只允许公开印刷《宣言》的最后
一段，以避免《宣言》的其他内容"煽动陛下在**新斯科舍**省忠信笃诚的子民 75
并为他们［反叛分子］赢得更多信徒"[31]。然而在不列颠本土，政府却无法公开并正式回应《独立宣言》，因为那样就"等于承认了殖民地的平等和独立，那里的反叛分子正巴不得这样冒充下去呢……那就等于承认外国有权干涉此事，而这在外交上是必须永远排除的"[32]。不过，诺斯勋爵的内阁还是命人秘密撰写了一份反驳《独立宣言》的文稿，其中有如下的词句。这份文稿名为《对大陆会议独立宣言的回应》（1776 年），作者为约翰·林德（John Lind），是一名年轻的律师，此前曾写过《对第十三届议会通过的主要法案的评论》（1775 年）和《致普赖斯博士的三封信，其中包括就后者有关公民自由的本质、政府的原则和与美利坚开战的正义性和策略等观点的评论》（1776 年）两个小册子，从而引起了内阁官员的注意。[33]

1776 年问世的林德的《对独立宣言的回应》有两个版本。内阁对第一个版本的意见是它有些过头，因为它一方面设想了美利坚人发布《独立宣言》可能的许多理由，另一方面又设想以不列颠国王的口吻对美利坚人予以驳斥并提供了一份"反独立宣言提纲"。因此，内阁删除了《回应》的第
一部分——完整版本迄今只有一份存留——并对全文进行了修订，然后仅在 76

1776 年就印发了多个版本共 8 000 份。[34] 修订版的《对独立宣言的回应》有 500 份从伦敦直接送抵美利坚，一是告诫驻美的不列颠军队，二是对美利坚人的独立主张予以驳斥。[35]

《对独立宣言的回应》的主要内容是逐一检查并驳斥针对不列颠国王的各项指控。林德称，美利坚人不过是一群背信弃义之徒，根本构不成国家，因此认为后者仅是叛匪，而不是合法的交战国。可以想见，不这样做就肯定会嘲弄效忠的观念，更不要提什么合法性了；毕竟，如果文稿中将殖民地人看成是独立的外国公民，那不就等于说身为海盗的基德船长（Captain Kidd）可以谎称自己是独立的从而免于法律制裁吗？“若不是定性为海盗罪，”林德警告说，“他就可以谎称是独立的国王，然后就可以在‘海上’各国之间‘依照自然法则和自然神明’赋予他的权利——这一点他很容易发现——从而‘取得独立和平等的地位’。”

最后，林德还嘲笑殖民地人的虚伪，他们既然宣称人生而平等，却为何不释放他们的奴隶呢？如果“这些可怜的生灵”不能享有这些权利，那么这些权利显然并非不可剥夺，也绝非天赋。[36] 同理，托马斯·哈钦森也想“责
77 问一下马里兰、弗吉尼亚和卡罗来纳的代表们：他们剥夺十多万非洲人的自由权、**追求幸福**的权利，有时还包括生命权，既然这些权利绝对不可剥夺，那么他们的选区又如何为这种行为正名呢！”英格兰废奴主义者托马斯·戴伊（Thomas Day）的批评更为激烈：“如果说自然界有什么东西着实可笑的话，那就非美利坚的爱国者莫属了。他一只手签什么独立宣言，另一只手却挥舞着鞭子驱赶他那些惊恐万状的奴隶。”[37]

同时代人评论《独立宣言》第二段中所称天赋人权的出版物有很多，《对独立宣言的回应》只不过是其中之一。在大陆作家中，法兰西公爵恩维尔的拉罗什富科（La Rochefoucauld d’Enville）曾以伦敦银行家的名义写作并指出，人生而平等是所有宗教中均被认可的真理。在他看来，《独立宣言》中的其他主张也绝构不成对一般主权的挑战。他曾热情洋溢地断言，《独立宣言》的问世乃“整个战役、整场战争乃至整个这一世纪最了不起的事

件”[38]。在不列颠和保皇派的反应者中，只有哈钦森谈到了权利问题，但却轻描淡写且有不屑一顾的神态；而1776年8月《苏格兰人杂志》(*The Scots Magazine*)刊载的一封信则干脆说《独立宣言》中所谓不言而喻的真理实为无稽之谈：“这些乡绅们觉得自己有某种不可剥夺的权利，那就是可以胡 78
说八道。”[39]两年后的1778年，英格兰有个不起眼儿的名叫约瑟夫·裴尔特(Joseph Peart)的讽刺作家针对《独立宣言》的主张及其中的种种不满作了一首打油诗，颇为风趣地挖苦美利坚人说：

人生下来都一样
自由当然没商量
上苍欲此其奈何
绝非人力强剥夺
古今学人已巧言
铮铮权利非等闲
生命幸福尚不够
还须自由来凑数
我意如此谁言不
可惜此话无人信
莫怨人生多愤懑
节制钳制加统治
岂容个人罔顾自[40]

与林德《回应》共同刊出的《对“宣言”的短评》同样认为美利坚人据为独立根本的理据只不过是在同义反复且多此一举、前后不一、虚伪透顶。“如果他们想要的东西有‘自然神明’的律法可依，”评论者掷地有声地说道，“他们尽可以拿出那样一部律法，一切争执便可就此告停了。他们却没 79
有这么做；他们拿出了什么东西呢？就是他们所谓不言而喻的真理。……与此同时，要保障这些权利，他们又觉得有必要建立政府，却根本认识不到或者不愿了解：任何既有的或即将成立的政府都必然意味着上述权利或部分权利的某种形式的牺牲”，其中包括“生命权、自由权和追求幸福的权利”。[41]

上述《对独立宣言的回应》中对个体自然权利不甚成熟的攻击论调被大量移植到 18 世纪末形成的反革命话语，而《对“宣言”的短评》则构成了美国革命与法国革命之间的一个关系链条，因为后文的作者不是林德，而是他的好友哲学家杰里米·边沁。[42] 边沁早些时候曾与林德合作撰写《回应》一文，还曾单独撰写了一篇言辞激烈（但未曾发表）的有关“消极自由”的评论文章，准备与林德的《致普赖斯博士的三封信》合刊在一起。[43] 边沁至死都对《独立宣言》据为理据的原则持批评态度。“谁承想这样理性的事业竟根基于如此令人反感的理由，真令人痛心啊，这些理由反倒不如不提。”这是他在 1789 年对《弗吉尼亚权利宣言》《马萨诸塞权利宣言》和《独立宣言》发出的抱怨。差不多半个世纪以后，他再次提到《弗吉尼亚权利宣言》时依旧说，这是“逻辑混乱和荒唐的一个大杂烩，分明是需要去证明的东西一直被视作理所当然”[44]。

80 边沁批评的理据是前后一致的。把法律归因于自然，再从这种法律中推导出自然权利，这种说法不只是胡说，而且是双重的语无伦次。“加了修辞的胡说八道，简直荒谬透顶。”边沁在批判《独立宣言》差不多二十年后又这样评价法国的《人权宣言》说。[45] 能站得住脚的权利只能来自可确认的立法者通过的积极法案。就国与国之间的关系而言，唯一可能的积极法案是多位君主共同制定的积极的“国际法”，边沁在 1780 年就发明了这一概念。边沁在批判《独立宣言》的前提时可能就意识到了这一点，这种意识可能有助于他最终发明这一新概念，用以指称日渐浮出水面的一整套国际法。如果美利坚的大陆会议作为一个合法的执行机构而得到承认，那么《独立宣言》自然有可能被接受为国际法框架下的一个积极法案。不过，大陆会议得到承认的前提是《独立宣言》被接受为积极法案，因为只有这样前者才有可能被赋予具有国际人格的主权实体地位。根据国际法，除了已经获得独立的政治实体之外，其他实体又怎样才能够宣布独立呢？

这正是1776年以后数十年内有关《独立宣言》引发的法学论辩的关键所在。只发布一个宣言是不能构成独立的；宣言所能做的只是宣布通过其他 81
手段业已取得的东西。因此，《独立宣言》必须要通过宣布行为本身为美利坚人赢得独立。法国哲学家雅克·德里达（Jacques Derrida）在1976年美国《独立宣言》发布二百周年庆典时曾指出："问题并没有得到解决。一个国家是如何被建立或成立的，或者说，一个国家是如何自我建立或成立起的？……是谁在授权签字书上签字的？"[46] 边沁在两个世纪前1776年4月出版的《政府片论》中提出的问题与此非常接近："总之，我们何时才能断定反叛确已发生，何时……才能断定上述反叛业已成功并为反叛者赢得了**独立**呢？"[47] 对此，边沁却问而不答，所以后来在同年与林德一起回击《独立宣言》的时候，这一问题也未曾得到解决。

至此，美利坚的独立必须要通过来自外部的认可，即通过军事援助和商业往来才能得到确认。因此，大陆会议指示其驻巴黎的特使西拉斯·迪恩（Silas Deane）、本杰明·富兰克林和亚瑟·李（Arthur Lee）："务必通过法国王室敦促大不列颠王室和议会及早公开承认诸邦独立的事实。"[48] 不过1776年的法国王室却对此不置一词，而且在此后一年多的时间里都是如此，这一点令大陆会议感到特别不安。其实，美利坚派驻巴黎的第一位特使迪恩并未
收到1776年7月8日寄送给他的《独立宣言》以及随同寄送的指示："请速 82
将文本交与法国王室，并同时拷贝送交欧洲其他各国王室。最宜将文本译成法文，并在当地公报上发表。"第二份《独立宣言》的文本是在1776年11月送抵的，其时美利坚宣布独立的消息已经在欧洲各国流传三月有余。[49]

那时的法国读者可能已经通过《莱顿公报》或1776年9月10日出版的巴黎《政治与历史杂志》读到了《独立宣言》的译本。次年又有两种译本通过《英美时事》发表，这是时任法国外交部部长的弗金斯伯爵秘密经办的一个期刊；此后几年，还有后续的其他一些版本问世，分别刊载在巴黎出版的两种美利坚政府文件汇编中，其一名为《英国殖民地宪法汇编》（1778年），

其二名为《美利坚十三个联合邦宪法汇编》(1783 年),前者与本杰明 · 富兰克林有关并有致富兰克林的献词,后者经富兰克林修订。[50] 不过在法国,尽管有包括拉法耶特侯爵(marquis de Lafayette)在内的一些人对《独立宣言》颇为赞叹,在 1789 年前后的数年中,更受法国人关注的却是美利坚各州的宪法而非《独立宣言》本身。[51]

1778 年 2 月,当美利坚人在萨拉托加战役中大胜不列颠军队之后,法
83 国王室终于同意与美利坚诸邦结盟,但同时声明这样做的目的主要是为“有效维护上述美利坚诸邦享有绝对的和无限的自由、主权和独立”[52]。这自然是大陆会议一方长久以来所梦寐以求的,至少从当初成立专门委员会起草《独立宣言》、制定模范条约之时就梦寐以求。

法国 1778 年条约对美利坚独立事实上的承认立即招致不列颠的强烈谴责。不列颠政府责成帝国史学家兼贸易部官员爱德华 · 吉本(Edward Gibbon)用法语起草了一份“辩护备忘录”,揭露法国政府不守诚信,竟然与“英国殖民地的无名黑户 [结盟],后者谎称独立,实际上不过是一群胆大妄为的反叛之徒”。吉本认为,法美结盟是对“七年战争”结束时英法和平协议条款的直接否定,同时也是对国际法的公然冒犯,因为国际法明言任何一国均不得向另一合法主权国治下的叛匪提供援助;至此于不顾等同于“将错误和危险的原则引入欧洲的法理”,且必将招致法、西两国在美利坚殖民地各省更多更大的反叛。与此同时,美利坚人也应从此警醒,他们“用那么多的苦
84 痛和鲜血换来的虚假独立”过不了多久必将陷其于异国暴政之中。[53]

针对吉本对美利坚独立的郑重警告和恶意中伤,激进的英国人约翰 · 威尔克斯(John Wilkes)反驳道:“**联合邦**的**独立**庆典已经举行三次了,为什么还要说这是‘虚假独立’的‘宣示’呢?那个国家的独立业已成为现实,外国君主甚至无力在那里任命一名税务官员。”也就是说,前任君主甚至连最低级的行政官员都不能任命,因为他早已失去了对该地的有效控制。威尔克斯认为,美国独立并非是基于美利坚人胆大妄为的反叛,而是“令人难忘的 1776 年 7 月 4 日发布的著名《**独立**宣言》”中列举的多个事实。[54]

如果《宣言》的目的，恰如潘恩、理查德·亨利·李、多个地方宣言和大陆会议任命的起草委员会所设想的那样，就是要使反叛的殖民地诸邦与各国建立外交和商业联盟，那么具体在何时殖民地诸邦才能演变为国家，叛军也因此获得合法性呢？联合邦在与法国签订法美同盟条约之后已经正式加入了国际体系；此后，围绕美利坚的独立虽尚存争议，但美利坚独立问题确已构成一个积极的国际事实。

不过，独立的事实是一回事，《独立宣言》的基础却完全是另一回事， 85
因为只有法律上的积极行为才有可能支持建国。如果宣言本身不足为凭，大不列颠承认独立又不可想象，那么第三国（如法国）的承认就足以确认合法性吗？抑或在大英帝国政府承认独立之前（如通过 1783 年的英美《巴黎和约》），多个第三方国家的承认也无济于事呢？[55]

上述有关独立、建国和承认的问题是 18 世纪末正在形成中的国际实证法的核心所在，《独立宣言》，连同美利坚的独立，在 1783 年以后的欧洲，正是在这一框架下被接受的。《独立宣言》提出的种种问题成为快速形成中的承认国家法律地位理论的焦点。要在“世界各国之间”为联合邦赢得平等地位，只是宣布联合邦依照“自然法则和自然神明”理应独立是不够的。自然法的现代阐述者，如瓦特尔，确曾主张国家享有生存、独立和平等的权利。但对于那些此前并未享有上述权利的新兴国家，究竟采取何种手段才能获得这些权利，遂成为 18 世纪末有关国际法讨论中的核心议题，其部分原
因就在于国际社会要回应《独立宣言》提出的承认国家主权的问题。[56] 86

《独立宣言》因此成为最早有关承认国家主权的讨论中被提交的主要证据。最先这样做的是德国法学家和作家冯·斯泰克（J. C. W. von Steck），时间是 1783 年。此前欧洲国际公法有关承认国家主权的讨论主要是围绕统治者个人的世袭统治权；斯泰克的创新之处在于，他在谈论中更注重一般意义上的对国家主权的承认及国家的合法性问题，而不仅仅是某些君主的权利。因此，斯泰克理论的主要关注对象是尼德兰联邦和美利坚联合邦。对于后者，斯泰克主张，美利坚的独立必须是在赢得不列颠的正式和正面认可之

后，否则不可能有任何国际地位。斯泰克的上述言论是在英美《巴黎和约》之后不久，他认为法国1778年对美利坚独立的认可为时过早，所以并不具备建设性力量，因为它没有伴随不列颠对自身权利的放弃。[57]

1789年，哥廷根大学法学教授冯·马腾斯（G. F. von Martens）对斯泰克的观点做了进一步的阐发，指出："当一方正式拒绝服从另一方，且拒绝方确已赢得自身所要求的独立地位时，双方的争端应被视作独立国家之间的争端"，不过在此有个必须服从的大前提，即受害方有权将对新近获得独立
87 国家的任何帮助或援助视作战争行为，"大英帝国……在北美殖民地诸邦宣布独立之后所采取的一系列行动足以说明这一点"。[58] 约五十年后，由美利坚独立诱发的国家主权的承认问题业已成为现代国际法的一个著名的案例，因为当初这段多方争执不下的公案此时完全进入实证阶段。[59]

美利坚人在独立战争中战胜大不列颠，这一事实改变了《独立宣言》作为一份历史文件在美国之外的地位。大不列颠1783年通过英美《巴黎和约》对美利坚独立的认可毫无疑义地正面回答了《独立宣言》1776年颇具争议的提问："大不列颠国王承认上述联合邦……为自由、拥有主权和独立的国家"，此时是法律上的承认，而不再是事实上的认可。[60] 这样重大的历史事件自然逃不过埃德蒙·伯克的视线，他评论说："一场伟大的革命业已发生，这场革命并不是通过征战杀伐改变既有国家的权力结构，一个新的国家就这样诞生了，这是地球新的一端诞生的一个新型国家。它的出现改变了全部既有的关系、平衡和权力重心，正如太阳系中出现一颗新的行星必定要改变整个太阳系一样。"[61]《独立宣言》的直接目的既已达到，其首尾两段的重要性自然很快就被人遗忘。作为国外富有同情心的观察家，孔多塞侯爵
88 （marquis de Condorcet）1786年写道：在法国，美利坚的"独立业已被承认且完全有保障；[我们这里的政客们]对此似乎心无芥蒂"[62]。因为美利坚的独立已成为国际政治中公认的事实，所以人们也就感觉没有必要再去讨论当初伸张独立的那个宪章。

大不列颠在英美《巴黎和约》的第一款正式承认了美利坚的独立，此后不久，欧洲的公法学者便把《独立宣言》编排到既有的国际实证法当中。比如，英国的政治家兼贸易部官员查尔斯·詹金森（Charles Jenkinson）1785年编订的《条约汇编》就包括《独立宣言》，甚至把《独立宣言》作为1649年西班牙承认尼德兰联邦独立以来国际政治在近一个时期内的最新进展："1783年的《巴黎和约》对另一场革命给予了认可和确证，即美利坚联合邦的那场革命。"在《条约汇编》中，詹金森把《独立宣言》与西班牙1771年有关福克兰群岛的宣言和1778年的美法同盟条约并置，作为国际实证法体系中具有同等效力的文件。[63]马腾斯的《现代欧洲各国……国际法概要》则同时罗列了《独立宣言》和美利坚《邦联条例》，此时欧洲的评论家们将后者也视作美利坚十三个自由独立国签署的一个国际协定。[64]

崭新的美利坚共和国第一代律师们认为，联合邦加入国际体系在国际法 89 的历史上可谓恰逢其时。例如，詹姆斯·肯特（James Kent）1826年编辑的最早的美国法律文摘开篇第一章是对当时国际法的一个短评，编者称："联合邦既已不再是大英帝国的一个组成部分，便具备了国家性质，联合邦从此接受欧洲文明国家久已成形的理性、道德和习俗规则体系，并将其作为自身沿用的公法。"不过编者也承认，此时围绕国际法的根基还存在不同意见，究竟是将其看作"一套简单的实证体系"，还是"本质上与自然法无异，是自然法在国家行为方面的应用"。[65]

因为《独立宣言》的作者们努力使宣言的内容符合18世纪末通行的准则，所以《宣言》的立场从法学的角度而言是折中的。它既不完全从属于自然法，也不完全从属于实证法。其论证部分是基于自然法，但其结论却富于实证法的意味，即主张美利坚联合邦"完全有权……处理独立国家理当处理的一切事务和事宜"。截至18世纪的第三个二十五年期间，此前近两个世纪在大不列颠、法国和德国一直处于上升势头的自然法理论渐趋衰落。[66]因此，个体自然权利的话语——其现代形式正是基于上述自然法传统——在美、法革命期间变得异常显著，这一点着实令人玩味：恰逢支 90

撑这套说辞的哲学理据不再得势之时，这套说辞竟然在政治话语中呈现短暂的——远不是长久的——勃兴。至 18 世纪末，至少在欧洲，自然权利说显然是“政治学领域里一个姗姗来迟的观念，因为此时这种观念在哲学上已经不再体面”[67]。

《独立宣言》中的权利主张在美利坚联邦头四十年的政治话语中显得无足轻重。最早问世的五部邦宪法，即马里兰（1776 年）、北卡罗来纳（1776 年）、宾夕法尼亚（1776 年）、佐治亚（1777 年）和南卡罗来纳（1778 年）宪法，均提到联合邦宣布独立的事实，但只有纽约宪法（1777 年）在序言中大段引用《独立宣言》。许多邦的宪法确实都列举了诸如生命权、自由权和财产权等权利，或称人有追求幸福和自由的权利，理由是人生而平等、独立，但其引述的大多是《独立宣言》以外的文献，尤其是乔治・梅森的《弗吉尼亚权利宣言》草案。[68]

在北美，最先模仿《独立宣言》的法案强调邦的权利高于个体权利。受
91 联合邦先例的启发，新罕布什尔领地的居民宣布于 1777 年 1 月脱离大不列颠及纽约邦，以成立自己“分离的、自由和独立的司法体系或国家”，最初称之为新康涅狄格，但从 1777 年 6 月起称为佛蒙特。[69] 1780 年，该地的一名权利捍卫者称：“佛蒙特邦……享有独立的自然权利，本地居民向全世界宣布：他们有权成为，而且是名正言顺地成为一个自由独立邦。”[70]

联合邦拒绝承认佛蒙特独立，因为这样一来就会严重威胁到美利坚联合邦的领土完整，其时各邦的疆界和司法管辖权依然沿用殖民地时期的旧制。除纽约邦和大陆会议代表之外，其余各邦都担心会有进一步分裂的危险。新罕布什尔城镇议会的一位代表指出：“如果每个地区的人都如法炮制，坚持自己所在的地区不属于十三个邦的管辖之内，……用不了多久我们就会一千个自由和独立的邦存在。”[71] 反对进一步的独立要求并坚持占领地保有原则——根据后一原则，“已摆脱殖民地地位的新兴国家有权优先继承其获得独立之时殖民时期的行政区划疆域”，这一立场和原则预示着后来的世界史上几乎普遍坚持的独立后须保持领土完整的立场原则。[72] 不过即使如此，

佛蒙特在 1791 年以独立邦的身份第一个加入美利坚联盟之前一直是分立的， 92
既不属于不列颠，也不属于联合邦。

《独立宣言》中的话语在《联邦宪法》中没有任何体现。事实上，制宪会议的辩论中几乎没有人提到过《独立宣言》，而《联邦党人文集》中也只有一次隐约提到过，除此之外，在最终批准宪法之前的广泛辩论中，几乎没有人引证《独立宣言》。考虑到上述美利坚公开辩论中《独立宣言》引人注目的缺席，也就不会奇怪亚历西斯·托克维尔为何在《论美国的民主》（1835—1840 年）一书中对《独立宣言》只字未提。

在一个联邦党人和共和党人纷争激烈的时代，《独立宣言》给人留下一个亲法反英的非常危险的印象，仿佛任何人都可以凭此宪章发动革命，反对一切业已确立的政府。其中有关自然权利和革命权利的主张听起来非常可疑，与法国大革命期间"雅各宾派"的激进信条相仿。其中大量针对国王乔治三世（至 1820 年才最终退位）的指控也使得《独立宣言》具有明显的反英立场，而在此时，英美两国已经正式站到了一起，共同抵制来自法兰西第一共和国督政府以及后来来自拿破仑的威胁。直到 1812 年战争以后，《独立宣言》的发布方成为跨党派的全国性庆典的标志，即 7 月 4 日的国庆日。正
是在这一时期，《独立宣言》才一跃成为国家的标志。1817 年，最早的雕版 93
和复制版《独立宣言》问世，专门用于在家庭和办公大楼内展示。次年，约翰·特朗布尔（John Trumbull）在波士顿向广大群众展示其早在 1786 年就绘制好的油画，名为《独立宣言》。1823 年，约翰·昆西·亚当斯委托在华盛顿特区的英裔印刷商威廉·斯通（William J. Stone）依照原件制作羊皮纸版《独立宣言》，随后，共有二百份装帧考究的羊皮纸版《独立宣言》被分送到了全国各州议会、高校、尚在世的《宣言》签字者和拉法耶特侯爵。[73]

正因为人们对《独立宣言》重新发生了兴趣，《宣言》的第二段才渐次成为美国人所认同的《独立宣言》的核心内容。一旦独立已成为不争的事实，美国人便再无必要牢记《宣言》首尾两段宣示独立建国的主张。而当美英两国重新恢复和平以后，《宣言》主体部分大量指控背后的种种冤屈经历

也不再有人记得，此时剩下来的唯一受人尊崇的内容就是第二段。

《宣言》的原初动机及其呼吁“人类公意”的世界主义情怀业已不在，取而代之的是国人对整个历史文件的崇拜，人们有选择地更加看重其中的一些抽象主张，而不是曾一度富有国际影响的历史文件。

94 第二段中有关自然权利的主张只是到了 19 世纪 20 年代才“逐渐超越了其中有关革命权利的说法”；而在此前，大多数美国人在“引述《独立宣言》时通常只是最后一段”。[74] 1831 年，匈牙利贵族旅行家桑德尔·博洛尼·法卡斯（Sándor Bölöni Farkas）来美国并在游记中精准地记录了《独立宣言》对当时美国人的价值所在：美国上下对《宣言》有一种异样的迷恋，《宣言》与欧洲常见的君主授权书和宪章截然不同，相反，“这里的人讲的都是自然法的语言”。[75] 他的这一判断令人回想起约翰·昆西·亚当斯 1821 年的一个说法，后者同样认为《独立宣言》完全不同于此前贵族与君主之间的任何历史协议，比如《大宪章》：“这里不是伦尼米德①，也没有王室屈服而后被迫接受的宪章。”[76]

19 世纪 20 年代起，美国各地的多个群体纷纷模仿《独立宣言》的格调阐述各自的主张，有些是反对国内的暴君和压迫者，而另外为数不多的也有一些是反对国外的暴君和压迫者的。令人瞠目的是，首先这样做的是三个不列颠人，而不是美利坚出生的公民。1829 年，空想社会主义者罗伯特·欧文（Robert Owen）发布了一个《心灵独立宣言》，号召美国人摆脱私有财产、有组织的宗教和婚姻。1832 年 7 月 4 日，欧文的追随者、一位名叫弗
95 朗西斯·莱特（Frances Wright）的苏格兰女士在费城提出：美国革命若不能保障所有工人阶级接受免费教育、享受劳动自由和退休福利，便是不完整的一场革命。同年，出生于英国的记者乔治·亨利·伊凡斯（George Henry Evans）撰写了一个类似精神的《工人阶级独立宣言》。[77]

1836 年 8 月，一份浸礼会杂志发表了来自所谓“撒旦王国”的《独立

① 1215 年，英国无地王约翰在温莎堡附近的伦尼米德被迫签署了《大宪章》。——译注

宣言》，不足6个月以后，这份宣言就在开普殖民地被转载，《独立宣言》由此成了名副其实的美国圣经。[78]就好像是反击各式各样的《独立宣言》所代表的世界主义潮流泛滥流转一样，1845年7月4日，由白种人组成，以反天主教、反移民为宗旨的美洲原住民大会发表了一份模仿《独立宣言》的《原则宣言》，称其“目的在警醒国人，莫忘充斥这个国家的种种罪恶，一是四处侵略，二是无厌篡夺”。[79]三年以后，1848年7月19日，在纽约塞涅卡瀑布市举行的妇女权利大会上，伊丽莎白·凯迪·斯坦顿（Elizabeth Cady Stanton）发布了19世纪早期问世后影响最为持久的模仿《独立宣言》之作，即《情感宣言》，其中主张“男人和女人都是生而平等的”，并向公正的世界述说了“男性对女性屡屡伤害、强取豪夺的历史”。[80]

通过诸如此类的模仿之作，且因为建国时代对一系列重大事件的神圣化处理，《独立宣言》最终被本地化和美国化了，其目的均是为了服务于民 96
族国家。逐渐地，只剩下奴隶制的支持者和南方分裂主义者坚持认为《独立宣言》的核心内容是宣布独立，他们这样坚持的目的至少是为了淡化《独立宣言》中有关权利、反抗和平等观念日渐提高的文化声誉，以免那些被剥夺上述权利者，即奴隶们，接受这一主张。[81]正如支持奴隶制的宣传鼓动家乔治·菲茨休（George Fitzhugh）在其著作《都是食人者：没有主人的奴隶》（1857年）中所说，美国革命“与哲学根本无关，倒更像是给小牛断奶。这里的民众的行为是为了寻求国家独立，而不是沉思默想的哲学家设计出的乌托邦，在这里最终实现人类平等并建立完美社会”[82]。后来在美国内战期间菲茨休也发表过类似的看法：“《独立宣言》中所谓不可剥夺的人权之说可谓大言不惭且荒谬至极，与宣布独立毫不相干，正如面对生乳牙的小孩儿或产仔的小猫咪夸夸其谈地布道或演说一样风马牛不相及。”[83]

亚伯拉罕·林肯在美国内战前夕和内战期间曾多次引述并解释《独立宣言》的真实内涵，以打击上述及与上述类似的情绪化的观点。林肯提出，《独立宣言》实际上包含两重信息，一重信息是为了应对1776年的具体场合，而另一重信息则指向将来。他认为，如若把《独立宣言》仅仅视为应对

1776 年的偶然事件而发布的宣言，那么对当今时代而言它将流于一纸空文；
97 如果《宣言》的目的仅是宣布国家独立，那么它的功用早在好几十年前就完结了："难道不是吗？当初的目标早在八十余年前就实现了，《宣言》于今毫无实际意义，只不过是一片垃圾，就像战争胜利后留在战场上的旧棉絮任其腐烂一般。"然而，事实与此正相反，林肯强调指出，《独立宣言》还有一层普适和持久的内涵，这层内涵就在《宣言》的第二段。"此间的荣耀都属于杰斐逊，"林肯在 1859 年写道，"这位伟人在一个民族争取独立斗争的巨大压力之下，尚能冷静沉着，有预见、有能力在一份充满革命气息的文件中加入抽象的真理，这真理适用于任何时代的所有人类。"[84]

不过，仅以上述"抽象的真理"的普适性来衡量内战前的美国却也并不那么可靠。就在林肯书写上面这几句话之前的二十年，已获自由的黑人废奴主义者大卫·沃克（David Walker）在其《致全世界有色公民书》（1829 年）的结语部分就曾呼吁美国的白种人："请比照一下……你们摘自《独立宣言》的高尚言辞和你们实际的残酷杀戮吧！比照一下你们的父辈对待我们父辈的冷酷和你们自己对待我们的无情。"[85] 1852 年 7 月 5 日，曾一度为奴隶的弗雷德里克·道格拉斯（Frederick Douglass）在纽约罗切斯特的一次演说中也曾非常有力地谈到这一点，他在演说中铿锵有力地问道："7 月 4 日对奴隶
98 意味着什么呢？"然后对台下大多是白种人的听众作答说，这神圣的一天确是"你们的国家诞生、你们获得政治自由"的日子，但"《独立宣言》无疑也是捆绑着你们这个国家未来命运的锁链上的一个螺栓"。他还提醒听众关注一下理查德·亨利·李 1776 年 7 月 2 日提交的议案，但并未详述导致殖民地宣布独立的种种冤屈和不满。相反，他颇富戏剧性地话锋一转，对听众大声说，这个节日是他们的节日，而且只是他们的节日："我本人却并非这一辉煌的周年庆典的一分子！你们高高在上的独立使我更加清晰地看到了我们之间不可估量的距离。7 月 4 日是**你们的**，不是**我的**。**你们**尽可以纵情欢乐，而**我**却只能黯然神伤。"捆绑在国家身上无法摆脱的奴隶制锁链和国内猖獗的贩奴贸易，废奴运动的细微乏力以及教会对永恒的人间枷锁的纵容，

所有这一切都说明“此时此刻，整个地球上没有哪一个国家的人比美国人更纵容奴隶制，这里的罪孽令人震惊、充满血腥”。[86]

道格拉斯用国际上和全球背景下的实例大胆揭露美国在“国家层面的自相矛盾”，从而极大地震撼了听众的良知。道格拉斯控诉道：白种美国人张口谴责俄罗斯或奥地利的暴政，但对弗吉尼亚或卡罗来纳的暴政却只字不提。他们“为匈牙利的陷落而流泪”，但对饱受冤屈的美国黑奴却无动于衷。
法国或爱尔兰的自由事业令他们热情似火，但他们“一想到美国的奴隶还要 99
争取自由就变得冷若冰霜”。美国人对《独立宣言》可谓情有独钟，以至于他们肯“向全世界宣布，或至少在世人的眼中宣布了”他们称为不言而喻的真理，即人生而平等并被造物主赋予了若干权利，其中包括生命权、自由权和追求幸福的权利，“然而，事实上，你们却容忍这个国家有七分之一的居民被牢牢地捆绑在锁链之中”。[87]

也许先前的世界在人类看来还太大，彼此间的交流还太慢，国家尚可自给自足，所以美利坚人的极端虚伪还可以逃过世人的视线并因此逃避罪责，这是道格拉斯的推断。但在 1776 年之后，世界渐渐变小了，他们就再也无法逃避世人的眼光和最终裁断了：

> 一方面，我为《独立宣言》及其中倡导的伟大原则和美利坚制度的天才设计感到欢欣鼓舞，而另一方面，我们这个时代显而易见的发展趋势也令我精神振奋。国家之间的关系早已不似从前。没有哪个国家面对周围的世界能够闭关自守，或不受干扰地步前人的老路。……用围墙包
> 裹起来的城市和帝国已经过时。商业的臂膀早已撕裂了坚固的城门。人 100
> 类知识的亮光早已穿透地球上每一个狭隘黑暗的角落，无论是通过陆地、海洋还是海底，而风、蒸汽和电则充当了人类智识传播的特许代理商。海洋不再分隔，而成为国家之间联系的纽带。从波士顿到伦敦现在就好像是假日旅行。相比过去，空间距离似已不在。[88]

道格拉斯似乎对我们现在称之为全球化的现象早有先见之明，这种先见之明昭示着美国及其《独立宣言》全球历史的一个新时代。[89] 1776 年之后的第 76 年，美国虽然还不是一块完全自由的土地，但美国人却至少感觉到有某种必须身体力行的道德义务，这就是其建国文件中所提出的义务和主张。

现在全世界都知道《独立宣言》了，世人就可以依据其中倡导的标准对美利坚进行裁断。商业往来和通讯交流已把世界各地的人群联结得愈发紧密，而紧密联系的结果是世人终于可以就政治和宗教问题进行交流以达成共识。[90] 道格拉斯的想法无疑是正确的，那就是把得自《独立宣言》的“欢欣鼓舞”与影响更加深远的“时代发展趋势”结合起来，以消除各式各样的文
101 化特殊主义，把不同的人群拉近，以实现彼此间更加密切的交流。只不过有一点，有关这个时代的根本特征他还是搞错了：“用围墙包裹起来的城市”可能在全球范围都已不再时髦，但帝国却远没有过时；事实与他的预言正好相反。1876 年美国独立一百周年之际向美国发去贺电的各国领导人之中就包括俄皇亚历山大二世、德皇威廉一世、奥皇弗朗茨·约瑟夫二世和巴西皇帝佩德罗二世。[91] 同年，《英国皇室头衔法案》（British Royal Titles Act）授予维多利亚女王“印度女皇”的头衔。在 1776 年以后的一个世纪里，帝国肯定是毫无颓势；相反，帝国正稳步向前，伸展向全世界各地。

《独立宣言》把美国推入 1776 年那样一个完全由国家组成的世界。不过与此同时，这个世界还充斥着多个帝国，既有横跨欧亚大陆的帝国，也有发端于欧洲的海上帝国，其势力所及，跨越大洋，环绕整个地球。19 世纪上半叶，美洲和欧洲均有不少新的共和国或国家问世，不过帝国的式微却须等到 20 世纪下半叶。截至 1976 年美国独立二百周年庆典，世界上的帝国差不
102 多已经完全消失，虽然帝国的遗迹残留至今。帝国的瓦解是一个渐进加速的过程，其间有许多本质上类似的独立宣言——有些就是模仿《独立宣言》而来——问世；《独立宣言》虽被美国人尊为独家所有，但随着时间的推移，《独立宣言》成为全世界人的财富。

第三章　世界各地的《独立宣言》 103

美国革命是人类历史上爆发的第一次极富传染性的主权革命，这场主权革命在 1776 年之后的数个世纪里席卷了整个世界。其影响所及，先是欧洲的荷兰、比利时和卢森堡，然后是加勒比海周边地区、西属美洲、巴尔干地区、西非和中欧，而这一切不过是在 1848 年之前数十年的时间里发生的。此后一段时间进入休眠期，直至第一次世界大战后，这一主权革命再次在中欧和东亚蔓延，而下一次大蔓延出现在整个亚洲和非洲，时间是第二次世界大战后。此外，在波罗的海、巴尔干和东欧，1989 年后也曾出现大规模主权革命的爆发，终致苏联、南斯拉夫和捷克斯洛伐克在 1990 年至 1993 年间解体。

这一四处蔓延的主权革命的主要征兆是纷至沓来的独立宣言的发布。同 104
时，独立宣言亦可谓发动革命者对形势所做出的诊断，因为他们通常以国家主权的话语定性主权革命的蔓延。作为宣布新国家——或有时也不乏旧政体的重新崛起——成立的文件，不论何时何地，诸多独立宣言共同的特征是它们标志着从先前帝国的附庸到现在的独立、平等国家的转变。[1]

自 1776 年以来，已有一百多种类似的独立宣言问世，分别由各自不同的区域或国家群体发布；此外还有为数众多的地方宣言，比如来自 19 世纪 20 年代的中美洲，1911 年辛亥革命后的中国，或 1918 年至 1919 年间的朝鲜，这类宣言表达的是次国家实体的政治诉求。[2] 其中有些宣言只是声明对未来独立的渴望，但更多的是对既成独立事实的标志。如同美国的《独立宣言》一样，许多宣言都列举对既有现实的一系列不满，为自身的独立主张正名；不过，在宣言中包含类似美国《独立宣言》第二段中有关个体权利声明的却很少。就这样，革命者确认了向世界发布宣言的主体信息，即这是国家面对国家的权利，而不是个体人面对统治者该享有哪些权利。

总体说来，18 世纪全球各地发布的一系列独立宣言标志着世界历史上的一个重要转折：在这一时期，由多个国家组成的世界取代了此前的帝国
105 世界。除南极洲之外，整个地球陆地上的每一个角落都由国家来管辖。仅有的例外国家——比如关塔那摩湾——也是由相关国家协同创立的。[3] 至少在理论上，地球上的每一个人都必须接受某个国家的管辖，一个无国籍的人就好像是在一个冷漠的世界上漂泊，正在寻求国家的保护。在全球化的诸多影响之中，最让人们忽视的恰恰是这样一个事实，即当今整个地球都被国家化了。许多人批评说，全球化极大程度地消解了国家主权，但他们忘记了，全球化曾是全球国家化最大的推动力。在过去的两个多世纪里，国家与多种形式的地方政治组织和情感认同相结合，从而造就了当今覆盖全球的国家体系。

当今这一国家化的世界主要是过去两个世纪，尤其是最近 50 年造就的。[4] 造就的过程融合了两种大的发展趋势：国家由较小的政治实体或地域应运而生并得以巩固；帝国分裂成多个国家。结果，自中世纪末期以来，全球政治实体的数目呈一种先收缩后扩张的显著格局。有些地区出现长时期的文化融合与政治集中趋势，比如在东南亚，“1340 年至 1820 年间，原有的 23 个独立……王国缩减到只剩 3 个”[5]。欧洲的发展格局与此类似，14 世纪大约有
106 1 000 个彼此互不相属的政治单位，至 16 世纪初降至 500 个以下，而到了法国大革命的前夜，就只剩下 350 个左右，其中还包括神圣罗马帝国治下为数众多但规模不大的公国或侯国。[6]

截至 1900 年底，哪怕是最慷慨地计算，欧洲也只有 25 个民族国家。1945 年，为创建联合国，有来自世界各地 50 个国家的代表聚首旧金山会议；其时，有些国家，比如印度、菲律宾、白俄罗斯和乌克兰，名义上还

从属于帝国或跨国联盟。[7] 1950—1993 年，又有 100 多个新国家以分离、去殖民化或原有政治实体解体的方式问世。至 2006 年 7 月 4 日，全世界已有 192 个国家，它们将地球上绝大部分的土地和人口分割管辖。这些国家共享一个世界级的代表机构，后者被不恰当地称作“团结一致的多个民族”（UN）[8]：称其“不恰当”倒不是因为其成员显然不很团结，而是因为其成员均为正式的国家而非民族，若全部计算在内，世界各地的民族可能有数百个，甚至数千个。[9] 严格地说，“团结一致的多个民族”应该被称作“联合国”（US），但这个名字早在 1776 年 7 月就被另一个完全不同的政治群体给占用了。

国家组成帝国，帝国又分裂为国家。帝国是建立在政治与经济干涉之上的框架结构，其组成部分之间处于层级关系之中。[10] 因此，国家的建立就是要逃避帝国的干涉与控制。[11] 建国就意味着摆脱外来因素对内政的干涉，并 107
实现国与国之间在形式上的平等关系。内政不容侵犯和国与国之间的平等是对外拥有主权概念的核心。只有所有国家都彼此尊重这些要求，国家才可谓拥有牢固的主权。正是基于这一根本原因，“国家主权才具有传染性：一旦某一群体演变成国家，周围的群体一定会做出相同的回应”[12]。

自 1776 年以来，世界历史上曾经出现过四次发布独立宣言的热潮，四次热潮都恰好与帝国的解体相契合：19 世纪上半叶有一次，第一次世界大战和第二次世界大战后各有一次，1990 年至 1993 年之间又有一次。第一次高潮从 1790 年始并持续至 1848 年，其时恰逢所谓的“革命时代”，席卷美洲的新世界和欧洲的旧世界，比如美国革命、法国大革命、海地革命和欧洲革命。这一时段的高潮可谓横跨欧亚大陆的第一次争取权利运动，有关群体和个体权利的观念在人类历史上第一次激发了全世界人为独立、自主和解放而行动起来。伴随美国独立战争的爆发，孔多塞侯爵这样写道：“人权被推到了至高无上的崇高地位，而且主张人权不应该有限制或保留，类似的著述在涅瓦河畔至瓜达尔基维尔河畔之间的大地上自由广泛地流传。”[13] 至 19 世

108 纪初，此类著述又从阿巴拉契亚山脉流传到巴尔干、孟加拉和其他地区。

美国革命的文件，相比法国大革命推出的有关权利文本和英国的自由主义传统，对掀起这场横跨欧亚大陆的争取权利运动做出的贡献要小一些。例如，18 世纪晚期主张共和的希腊爱国者里加斯·维利斯亭里斯（Rhigas Velestinlis）是以法国大革命的语言呼吁人民起义反抗奥斯曼帝国的专制主义的，他讲到过主权在民和个体权利的思想。里加斯在 1798 年成为希腊独立运动的第一位殉道者之前不久，为未来的希腊共和国写下了一则革命宣言、一份权利宣言和一部宪法。[14] 这些文件预示着希腊国民议会 1822 年 1 月发布的独立宣言文本中的相关权利主张。[15] 大约就在同时，孟加拉的改革家罗姆莫罕·罗伊（Rammohan Roy）的灵感也部分来自美国和法国的革命，他抨击东印度公司的专制统治并捍卫印度人自古以来就拥有的权利。[16]

在美国之外（比如在海地、西属美洲、希腊和匈牙利、利比里亚）出现的第一波独立宣言浪潮使得此时代这一独特的政治文体具备了鲜明的美国元素。正如孔多塞 1786 年所指出的那样："人权仅仅书写在哲学家的著作或贤德者的心中是不够的，此外还必须有伟大的民族树立一个榜样，这样才能让
109 所有的无知者和弱者都能读懂人权。美国就为世人提供了这样一个榜样，其宣布独立的法案文本以简单的语言和崇高的境界向世人述说了这些神圣却被忘怀已久的权利。"[17] 也许是因为这个时代的人们对美国革命仍记忆犹新，所以此间发布的独立宣言大都明显地借鉴美国的范式，其模仿的程度显然要比 20 世纪问世的独立宣言更明显。

发布独立宣言的第二次热潮是在第一次世界大战后，伴随着强大的陆上奥斯曼帝国、罗曼诺夫王朝、哈布斯堡王朝的崩溃和从巴尔干到朝鲜半岛普遍的民族自决要求的提出。[18] 在这一时段，有关个体权利的说法逐渐退却，而让位于纷至沓来的民族和人民权利运动。1917 年 1 月，伍德罗·威尔逊在美国参议院曾说过这样一句话："现在的主权国家对待人民就好像后者是某种私有财产一样可以随意转让，根本无所谓权利可言。"[19] 这种说法至少可能适用于第一次世界大战后欧洲的部分国家，但对于欧洲和美洲之外的殖

民地世界而言，这种状况却不可能持续下去。

19 世纪欧洲民族主义的高潮恰好与欧洲诸帝国在欧亚大陆和全球的扩张和繁衍同时发生。伴随帝国主义而来的是等级森严的种族主义，种族主义与人类平等的主张以及普适的生命权、自由权和追求幸福的权利截然对立。 110
英国外交大臣亚瑟·贝尔福（Arthur Balfour）曾在 1919 年的凡尔赛会议上针对种族平等条款为上述倾向辩护，他说：“来自《独立宣言》的主张，即人生而平等，……属于 18 世纪的命题，在他看来并没有什么道理。他表示相信，从某种意义上说，某一国的人生而平等；但如果说一个来自中非的人一生下来就与欧洲人平等则是错误的。”[20] 这种对个体权利的怀疑使得独立宣言的主张从此避开相关说法，除非当事国有意寻求美国的支持，比如 1918 年发布的《捷克斯洛伐克国独立宣言》。[21]

独立宣言发布的第三次热潮从第二次世界大战结束一直持续到 1975 年去殖民化运动的最高潮。1941 年通过的《大西洋宪章》（其中明确剔除了一切有关民族自决的反帝主张）[22]、《世界人权宣言》（1947 年）、《欧洲人权公约》（1950 年）以及后来联合国的《给予殖民地国家和人民独立的宣言》（1960 年）使得这次热潮成为世界历史上第一个——现今仍在进行中——真正意义上的全球权利运动。[23] 在这一时期，有七十余个新国家从大英帝国、 111
法兰西帝国和葡萄牙帝国海外殖民地的残骸中脱颖而出，主要是在非洲和亚洲。多个独立宣言与其他的独立工具一道，共同扑灭了帝国的生力。

第三次热潮中发布的大多数独立宣言标志着与其相关的各式各样的解放斗争告一段落，而不是刚刚开始。此时，独立运动的领导人有多个独立宣言的先例或同时代的范本可资参考，所以很少直接提到美国《独立宣言》，而是更多地从当代的反殖民斗争中汲取灵感。举个这一时段的例子：东帝汶为摆脱葡萄牙殖民统治而在 1975 年 11 月 28 日发布的独立宣言就是直接受到安哥拉人民解放运动独立宣言的启发，后者是同月（1975 年 11 月 11 日）在安哥拉的卢安达发布的，目的也是为摆脱葡萄牙人的统治。[24] 独立宣言传播的路线已不限于来自欧洲或欧洲人在美洲的新定居地，还包括欧洲海外帝国的多种政治模式，虽然此时的帝国已经垮塌并分崩离析。

第四次也是最近的一次独立宣言发布热潮在整个世界历史上可谓最集
112 中。1990年至1993年，共有三十多个国家宣布独立或重新获得独立，均是在苏联垮台、南斯拉夫联盟解体和捷克斯洛伐克一分为捷克和斯洛伐克两个共和国的基础上实现的，只有厄立特里亚一个国家属例外。[25] 这一时段平均每年有十个独立宣言问世，其爆发的烈度甚至超过了19世纪一二十年代，那时拿破仑正进攻伊比利亚半岛，致使西班牙根本无暇顾及西属美洲，后者遂分崩离析。现在看来，人类历史不可能会再有类似19世纪初和20世纪末这般狂热的独立宣言发布浪潮。

就在笔者撰写本书时，又有一些有待认可的独立宣言问世，比如科索沃（1991年）和索马里兰（1991年）独立宣言，不过二者的成功与否还取决于巴尔干半岛的联邦政体是否解体或非洲之角的去殖民化是否能够最终实现，所以尚属未竟的事业。[26]

美国《独立宣言》在历史上第一次将外部主权（“有全权……处理独立
113 国家理当处理的一切事务和事宜”）与独立相等同。这一有关平等关系的主张可谓《独立宣言》整体建构的实质，因而具有持久的影响力。在瓦特尔的独立观念成为外部主权的试金石之后，美国革命又在历史上第一次通过反抗成功获得独立，而美国的成功独立则进一步鼓舞世人依法炮制，不只以建立国家的形式逃避帝国统治，而且以宣布独立作为获取主权的标志。先是在欧洲，后又传播至欧洲以外的对《独立宣言》的模仿为后来的大多数独立宣言奠定了一个基调，那就是以《独立宣言》的首段和末段为模板却不大注意第二段中的不言而喻的真理。

北美之外最先模仿1776年《独立宣言》的文本正是以上述方式汲取灵感的，即只是借鉴《独立宣言》的首段和末段。这就是1790年发布的《佛兰德省宣言》。该宣言主要控诉奥地利王室约瑟夫二世皇帝的暴政，其中许多地方都提到了佛兰德人在历史上就享有的各种传统性权利，颇似两个世纪前问世的《荷兰誓绝法案》。宣言的作者提到奥地利王室对上述权利的践踏，此时的皇帝又不顾其臣民的恳切陈词，因此，佛兰德人被逼无奈，再次回到了享有自由和独立权利的自然状态。[27]

就在《佛兰德省宣言》发布的同一年，一部法语版的美国革命史在 114
根特问世，其中包括美利坚诸邦宪法和《独立宣言》的译文。[28]法语版的《独立宣言》提出，其中末段的政治主张来自瓦特尔，正是后者启发了《独立宣言》。[29]佛兰德省的反叛者正是借鉴了这一版本的《独立宣言》，所以在自身宣言的末段称："有世界最高裁判者为我们的正义事业作证，我们以本省人民的名义发布和宣布，佛兰德省从此成为，而且是名正言顺地成为自由和独立的国家；从此解除效忠约瑟夫二世皇帝、佛兰德伯爵和奥地利王室的一切义务。"[30]由此可见，《佛兰德省宣言》结合了此前政治抗议的文体结构和美国《独立宣言》建国即等于独立的鲜明主张。1798年，又有一篇融汇美国《独立宣言》的宣言问世，颇具特色的是，与这篇独立宣言一道印刷的计有美国的《独立宣言》、法国的《人权宣言》、1795年《宪法》、法国人在伦巴第和罗马涅建立的奇萨尔皮尼共和国1797年宪法以及在热那亚建立的利古里亚共和国宪法。好像是为了要欧洲最广泛的读者都能读懂，这篇独立宣言的文本被分成四列，用四种文字书写，分别为英语、德语、法语和意大利语。[31]

美国《独立宣言》同样也为19世纪上半叶席卷整个跨大西洋世界的
第一波独立宣言提供了原始模板。1776年以后在美洲问世的第一篇独立宣 115
言，即1804年1月1日发布的海地宣言，同样可谓是个例外，但却从反向证明了上述规则。海地独立宣言宣布历史上第一个独立的黑人当政的共和国成立，从而为整个西半球的奴隶们成功起义奠定了基础。这一宣言的起草者"非常仰慕杰斐逊的作品"，所以其起草的版本基本上模仿美国《独立宣言》。但与此同时，有人认为这一草案平稳有余、激情不足，故而很难达到鼓舞人心的目的。"要制定独立法案，"负责修订海地独立宣言的已获自由的第一位黑人作家路易·布瓦龙-托内尔（Louis Boisrond-Tonnerre）

这样写道，“我们必须用白种人的皮作纸，颅骨作墨水盒，血作墨水，刺刀作笔！”[32]

1803 年 12 月 31 日夜，布瓦龙－托内尔亲自书写了一篇致海地人民的宣言，里面有这样的词句：“要么生而独立，要么就去死。不独立，毋宁死！”这与美国《独立宣言》中的称谓形成鲜明对照，后者虽说要摆脱英国人的统治，却仍称“英国弟兄”，而根据海地独立宣言的说法，海地居民与法国人之间毫无亲缘关系，因为法国人曾长久地剥夺当地人自由的权利：“我们与那个嗜血的民族有什么共性呢？”海地人决意摆脱法国人套在自己身上的枷锁，把这里建成自由的乐土：他们将誓死捍卫自由，再不愿
116 生而为奴。“请发誓做一个自由和独立的人，宁死不愿再回到先前的枷锁之中。”[33]

《海地独立宣言》是 1804 年 1 月 1 日上午在太子港北部的戈纳伊夫对成群的海地人发布的，针对的是国内受众，而不是公正的世界。面对法国、西班牙和英国军队的镇压，海地人显然在世界各国无望找到支持者，其独立宣言也绝口不言要加入由各国组成的世界共同体。相反，海地人坚定且明确地主张废除奴隶制，并因此威胁到当时为数不多的蓄奴国的稳定，比如美国。他们声言断绝与法国之间的一切联系，无论是政治上的还是情感方面的，并同时宣称海地人从此战胜了奴隶制。当然，这里所谓的自由和独立绝不仅仅是比喻或抽象的国际法准则：海地人激发的是对理想的追求和对来之不易的胜利成果由衷的珍爱。

海地人的事例很快向世人说明：新兴国家有独立宣言却并不能保证彼此之间就有密切的亲缘关系。美洲的第一个共和国——美国自然不愿承认美洲的第二个新兴国家——海地。当时的美国总统正是美国《独立宣言》的主要起草者托马斯·杰斐逊；美国不愿正式承认海地是担心一旦承认就可能引发
117 美国本土更大规模的奴隶起义。[34] 直到 1862 年，美国总统亚伯拉罕·林肯才正式承认海地独立，这比法国 1825 年承认海地差不多迟了 40 年。[35] 美国不愿承认海地独立的先例也为后来的一些场合埋下了伏笔，比如 1898 年的

《菲律宾独立宣言》：出于国内利益的考虑，美国好像不愿看到西半球或海外其他地区有愈来愈多的主权国家复制、繁衍。[36]

在 19 世纪初期的数十年里，美国对主权国家在中、南美洲的蔓延基本上持鼓励态度，虽然在外交上并不寻求积极卷入。[37] 杰斐逊本人早在 1786 年就有煽动反对伊比利亚帝国的举动，他曾在尼姆斯（Nîmes）秘密接见一位名叫何塞·华基姆·麦娅·巴尔巴赫（José Joaquim Maia e Barbalho）的巴西医学专业学生，后者的笔名为“文德克”（Vendek）。这位“文德克”后来把美国《独立宣言》带到了巴西。[38] 不过，美国《独立宣言》好像直到 1821 年才被翻译成葡萄牙语，而此时的葡萄牙宗主国已经宣布巴西独立一年有余。[39] 1822 年，当独立降临巴西之时，只是佩德罗一世这位从葡萄牙迁徙过来的国王口头宣布一下而已，显然没有证据说明这份独立宣言曾受到美国《独立宣言》的影响。[40]

西属美利坚当局曾试图禁止《独立宣言》及美国革命其他相关文件的 118
传播，以阻止反帝宣传的扩散。[41] 不过即使如此，《独立宣言》在中、南美洲还是长播远布并被翻译成他国文字。1802 年至 1803 年，新英格兰人理查德·克利夫兰（Richard Cleveland）和威廉·谢勒（William Shaler）将《独立宣言》的译本和美国宪法在智利的克里奥尔人和墨西哥的印第安人中间散发，“以促进尚处于胚胎中的”当地人的解放事业。1811 年，哥伦比亚人米盖尔·德·庞博（Miguel de Pombo）在以当地语言出版的美国宪法中选择以《独立宣言》作为序言。同年，委内瑞拉的流亡者曼努埃尔·加西亚·德·塞纳（Manuel García de Sena）翻译了美国《独立宣言》《宪法》及潘恩的《常识》节选等作品。十年后的 1820 年，西班牙 1812 年《宪法》得到恢复，厄瓜多尔在美国费城的流亡者维森特·罗卡富埃特（Vicente Rocafuerte）也翻译了潘恩的著作及美国主要的政治文件多种，其中包括《独立宣言》，他称《独立宣言》为“真正的政治领域的十诫”，且此翻译之举乃是为其同胞和其他西班牙裔美利坚人的福祉计。[42]

第一波的独立宣言发布浪潮主要集中在 19 世纪一二十年代的西属美洲，

此一时段的独立宣言均得益于美国《独立宣言》，正如积极推广美国范例者
119 所希望的那样。[43] 从 1808 年法国入侵伊比利亚半岛到 1814 年西班牙王室复辟，新世界的西属美洲经历了一系列争取独立的运动。波旁王朝在西班牙的溃败被认为是将主权归还给了西属美洲大大小小的王国。1812 年至 1814 年间，这些王国都曾选派代表出席西班牙议会，各国的主权也曾得到 1812 年加的斯宪法的肯定；但这部宪法后来伴随斐迪南七世的复位被废除了。在这些年里，大多数的“领导人要求的是**平等**而不是**独立**：他们希望**地方自治**，而不是**脱离**西班牙王室的统治”[44]。

西属美洲诸国早年的愿望是求得地方自治而不是独立，但也有一个重要的例外，那就是委内瑞拉。从地理上看，委内瑞拉是所有西班牙都督区中离加勒比海和欧洲最近的，所以也最容易受大西洋交通线上各种政治变革的影响。1811 年 3 月委内瑞拉联邦代表大会召开时，与会代表还在宣誓维护**祖国**和费尔南多（Fernando）国王的权利。然而，仅在几周之后，慑于公众压力并由于激进代表的操纵，联邦代表大会在 1811 年 7 月 5 日开始讨论有关《独立宣言》（*acta de independencia*）法案。两天后，大会批准该法案，并于 1811 年 7 月 14 日（法国国庆日）将其公布，一同公布的还有一面受法国启发的三色国旗图案。[45]

120 委内瑞拉独立宣言更多的是模仿美国《独立宣言》而不是任何法国模式。宣言陈述了自 1808 年以来西班牙王室蒙受的“实实在在且众所周知的［失序无度的］事实”，并因此认为，既然西班牙剥夺了委内瑞拉的代表权，对其宣战，还有强加于后者的一系列侮辱，这就等同于破坏了委内瑞拉与西班牙之间的契约基础。有鉴于此，委内瑞拉完全有权利恢复自己的自由和独立，“在世界各国中拥有平等的地位，这是至高无上的上帝和自然赋予我们的”。与会代表“向世界庄严宣告：从今日起，委内瑞拉联合省成为，而且是名正言顺地成为自由、主权和独立的国家”，有权“像其他自由和独立的国家一样，处理独立国家理当处理的一切事务和事宜”。[46]

卡塔赫纳（Cartagena）政务审议会发布的《独立宣言》法案也包含类

似的用词和情绪，该地先是与西班牙王室正式脱离，后于 1811 年 11 月又从新格拉纳达联合省独立。[47] 后来拉美地区问世的独立宣言大多保留了有关国家主权的声明，却不再罗列多项指控——指控的目的无非是在宣布独立的同时或随后提供一些正名的说辞——以及对反叛或独立的抽象正名。因此，拉普拉塔（Rio de la Plata，即阿根廷）联合省于 1816 年 7 月宣布：拉普拉塔 121
联合省从此成为"一个摆脱了斐迪南七世统治的自由国家"，在用词上借鉴美国《独立宣言》，以说明其自身意图的正义性，并以自己的生命、财富和荣誉相互保证，共同宣誓。[48] 18 个月以后的 1818 年 1 月，智利也推出了一部简短且类似的独立宣言，称"智利在美洲大陆上的领土及周边岛屿从此在事实上，且理所应当地成为一个自由、独立和主权国家"[49]。西属美洲出台的独立宣言一般都套用美国《独立宣言》的表达方式并在结构上添加一些华彩乐章，所以说此类宣言使独立宣言成为一种确定的文体，其根源在美国《独立宣言》。

19 世纪初西属美洲大量问世的独立宣言的发布机构异常庞杂，有市议会、地方政务审议会、市府、省府、王国等，不过这些独立宣言大多基于西班牙人对主权的理解，起先是指村镇部落的自治，后来才慢慢上升到更大规模的民族或国家自治。[50] 这一点在中美洲地区的表现尤为明显，恰如研究该地区独立运动第一位史学家 1832 年所慨言："[危地马拉的] 莽汉们发明了一种无政府主义的信条，主张任何村镇部落，只要脱离了西班牙人的统治，便自动恢复了自然赋予他们的自由，就可以依照事物发展的新秩序随意组建一个新社会。"[51] 但他们并不总是清楚这些村镇部落究竟在做出独立决定时享有多大程度的自由和独立：（1821 年 7 月 15 日）在利马发布的秘鲁独立 122
宣言共有 3 500 人签字，可谓获得了多数人的支持，但已有充分证据表明，这份独立宣言是在暴力、恐惧和自身利益的前提下签署的，而并非当地人热衷在西班牙王室之外建立一个自治政府。[52]

19 世纪三四十年代，伴随墨西哥帝国的解体和东欧革命的春潮涌动，在北美、非洲和东欧也出现了独立宣言的发布热潮，而美国《独立宣言》同样为这些宣言提供了一个通用模型。例如,《得克萨斯独立宣言》(1836 年 3 月 2 日)提出有必要“切断我们与墨西哥人之间的政治联系,独立于世界民族之林”,以成立“一个自由、主权和独立的共和国”。[53] 在 20 世纪到来之前,这部独立宣言是相当独特的,因为它标志着一个人群与另一个业已宣布独立的人群的成功分离,后者,即墨西哥,曾发布一系列旨在独立的文件,其中包括《[墨西哥]帝国独立宣言》(1821 年 9 月 28 日)。[54] 下一个脱离墨西哥的是上加利福尼亚省,后者曾于 1836 年 11 月 7 日发布独立宣言,主张这一地区从此成为“一个自由的主权国家”,但与得克萨斯不同的是,上加利福尼亚未能很快在墨西哥帝国之外建立起自己的主权。[55]

123 在 20 世纪以前发布的独立宣言中,只有《利比里亚独立宣言》(1847 年 7 月 26 日)认定有“某些不可剥夺的权利,其中包括生命权、自由权和获得、拥有、享受及维护财产的权利”。这是非洲发布的第一篇独立宣言,作者是出生在弗吉尼亚的非洲裔美国记者和政治家希拉里·提格(Hilary Teague)。宣言一开始便声明,利比里亚共和国应是“一个自由、主权和独立的国家”。[56]

有评论家指出,利比里亚独立宣言并未借鉴美国《独立宣言》,因为宣言没有提到反叛的权利,只是对利比里亚既有主权的某种认定。[57] 不过,利比里亚独立宣言与美国《独立宣言》在结构上还是有不少相似之处,先是列举一系列的不满,正是这些不满驱使第一批定居利比里亚的人逃离美国,然后说明美国殖民协会——也是最早提出在此建立殖民地的机构——如何逐渐放弃了自身的监护权并帮助利比里亚人实现自治。宣言明确其发布的对象是“文明世界的公正裁断”。最后,根据 19 世纪国际法准则,利比里亚人试图通过独立宣言“向信奉基督教的所有国家发出呼吁,……对我们理所应当的做法予以同情和友善,因为礼让和友善实乃文明和独立国家交往的标志”[58]。
124 自 1776 年以来,具体的历史情形和当代流行的准则可能均已发生了改变,但利比里亚独立宣言借鉴美国《独立宣言》的痕迹还是清晰可见的。

同在这一时期,拉约什·科苏特(Lajos Kossuth)起草的《匈牙利独立宣言》（1849 年 4 月 14 日）乃“匈牙利一律师兼政治家为匈牙利其他律师兼政治家所作”，宣言肯定了匈牙利人享有的“不可剥夺的自然权利……他们有权利建立一个独立的欧洲国家”，而且事实上，匈牙利与特兰西瓦尼亚一道已经“构成了一个自由、独立的主权国家”。这份宣言可能是迄今已发布的篇幅最长的独立宣言，其中详细讲述了三个多世纪以来匈牙利人饱受哈布斯堡王朝压迫的历史，但却绝口不谈应该享有的各项权利，也不声明发动反叛的抽象原则。不过宣言没有忘记公开呼吁其他欧洲国家承认匈牙利独立，无疑，正是带着这一目的，匈牙利政府将宣言译成多国文字并广泛传播。[59] 科苏特是这份独立宣言的主要作者，而且一直非常仰慕美国及其成功的美国革命[60]，这种仰慕之情终于化作宣布独立的长文，赞美之词溢于言表且颇多模仿，虽然后者不甚简洁，也缺少美国《独立宣言》具有的灵活性。

仿佛是为了确认独立等同于同时赢得主权，这一时期新西兰北部毛利族部落联合体的酋长和头领们于 1835 年 10 月 28 日共同签署了一份《新西兰 125
独立宣言》。[61] 宣言承认毛利人对该地领土拥有主权和土地所有权，目的只是在法国人声称对该岛屿拥有主权之前便于不列颠人的渗入。此举的意义正如身居新西兰的不列颠公民詹姆士·巴斯比（James Busby）居心叵测地指出的那样：“我已宣布了新西兰独立，也就是说，我本人因此成了拥有主权的首领”，因为“新西兰实现独立，且有英国政府的保护，就把本国变成大英帝国的附属国而言，这可能是最有效的方式了，虽然一切都不过是名义上的”。[62]《新西兰独立宣言》发布十年之后，毛利人霍恩·赫克（Hone Heke）起而反叛大英帝国，因为他的土地在 1835 年被迫卖给了巴斯比。1844 年 7 月 4 日刚过不久，他就袭击了象征大英帝国主权的旗杆。据说赫克深谙英美两国的历史，而且可能受到了将近 70 年前问世的美国《独立宣言》的影响。[63] 看来美国人的先例是一把双刃剑。

上述故事在 19 世纪大英帝国其他有白种人定居的殖民地广为流传，据说这一事例曾启发了 19 世纪 30 年代末加拿大人和 19 世纪 50 年代澳大利

亚维多利亚州的反叛，且致使澳大利亚在条件不甚成熟的情况下于 1887 年
126 提出独立要求。例如，1837 年上加拿大起义期间，苏格兰记者兼政治家威廉姆·莱恩·麦肯西（William Lyon Mackenzie）在他自己经办的多伦多报纸《宪法》上重印了美国《独立宣言》，并协助起草了一份《多伦多市改革家宣言》，其中将后革命时代美国的多种优势与仓皇北逃的保皇派的凄楚困境两厢对照，还同时模仿美国《独立宣言》的样式控诉不列颠国王威廉四世，指出当地人一系列的不满，还在宣言中转述了《独立宣言》倒数第二段中的词句（“我们不是没有顾念我们的英国弟兄。……他们却也同样地置若罔闻”）。[64]

《独立宣言》在澳大利亚似乎过了很长时间才被接受。例如，悉尼的律师兼原住民权利评论家理查德·文德耶（Richard Windeyer）在 1844 年的一次讲座中就曾提到“那篇崇高的美国《独立宣言》”中阐述过的有关个体权利的观念。他当时强调说，这种观念现已不言而喻，以至任何带有怀疑性质的讨论“在一个由纯粹的英国人组成的群体中间都纯属多余，英国人甚至会不假思索地让这里任何种族和肤色的弟兄实际享有这些权利，而根本不会想到去限制这些权利”[65]。不过十年以后，对于这些权利，维多利亚金矿满腹怨恨的矿工们并没有感到沾沾自喜。1854 年 12 月，他们中的一些人甚至
127 在巴拉腊特搭起了尤里卡栅栏（Eureka Stockade），以阻止前来镇压暴乱的军队，事件的主要起因是强行征收挖掘许可证费引发的不满。矿工们在栅栏上竖起了一面蓝白相间的旗帜，上面绣有南十字（Southern Cross）的字样，据说在 1854 年 12 月 1 日还有一位矿工代表宣读了一份《独立宣言》。这份宣言迄今已失传。但尽管如此，卡尔·马克思读到有关尤里卡栅栏事件的报道之后，认为此事与美国《独立宣言》的问世有几分相似。马克思写道：金矿矿工们的鼓动，“目的在于获得控制税收和立法的权利。在此，我们看到其本质上与美国《独立宣言》发布的动机很相像，只不过澳大利亚工人斗争的对象是与殖民地官僚连在一起的垄断资本家”[66]。

澳大利亚从未正式发布脱离大不列颠的独立宣言。女权主义者、共和

党记者路易莎·劳森（Louisa Lawson）1887年在反思维多利亚女王即位二十五周年庆典时确曾在当年7月4日的一则社论中呼吁澳大利亚发布自己的独立宣言："如果这种狂热在我们这个殖民地占了上风，那么足可见有识、有自尊之士有必要大声疾呼分离和独立了。"[67]但美国的《独立宣言》对1891年首度聚会的澳大利亚联邦创始人并没有多少吸引力，虽然他们还是把美国《宪法》拿来当作澳大利亚宪法可能效法的一个样本。[68] 1901年澳 128
大利亚联邦成立之后却依然是不列颠的属国曾招致澳大利亚人强烈的不满，澳大利亚有许多早期的政治家对美国也是情有独钟、艳羡有加，这可能让人想到澳大利亚有一天会宣布独立，但它却没有这样做。[69]如同加拿大一样，澳大利亚最终将通过1931年的《威斯敏斯特法案》从大不列颠赢得独立的立法权。因此，是大英帝国议会为自治领的独立问题提出上述解决方案，但也不会容忍任何进一步的分裂主义行为，比如1934年至1935年西澳大利亚曾试图脱离澳大利亚联邦的行为。[70]

19世纪下半叶更能反映美国《独立宣言》影响的事例是南方邦联各州发布的一系列独立宣言。此类宣言从字面上接受了1776年《独立宣言》提出的有关主权国家的主张。例如，《南卡罗来纳分离宣言》（1860年12月20日）完全采纳了1776年《独立宣言》的语言和结构，以为其更为简洁的"脱离联邦法令"正名。该宣言回顾了美利坚人1765年至1776年间的困苦历程并指出：十三个彼此独立的邦同意签署《独立宣言》，尔后又于1778年加入《邦联条例》，但与此同时，各邦保有各自独立的主权，且后一点又得到1783年英美《巴黎和约》的确认，即"各殖民地从此成为原宗主国认可 129
的**自由、主权和独立的国家**"。宣言接着说：诸邦虽加入宪法，但须同时遵守《独立宣言》规定的两个基本原则，即各邦享有自治权利并有权废除任何有损建立政府初衷的政府。基于这些理由，宣言实际上是应用1776年《独立宣言》的逻辑为脱离联邦正名。宣言的起草者称："南卡罗来纳业已**恢复**其在世界各国之间的地位，成为一个分离且独立的国家；有全权宣战、媾和、结盟、通商并处理独立国家理当处理的一切事务和事宜。"[71]次年，田纳西州也发表了自己的《独立宣言及脱离联邦法令》(1861年5月6日),而最后一个脱离联邦的肯塔基州也在1861年11月20日宣布自己是一个“自由和独立的国家”。[72]联邦主义者对此类主张的答复是：这纯属对美利坚合众国的背叛，因为自1787年起，美利坚合众国只有一个合法政府，只有这个政府才有权行使独立的国家主权。[73]

把独立等同于建国而非民族建设，这一点在19世纪下半叶变得愈发清晰可见，同时有助于解释貌似悖论的一个事实，即在1849年至1918年间，
130 几乎没有任何独立宣言问世，而这一时段通常被认为是见证了欧洲民族主义的高潮。当然，在这一时段，确有不少国家赢得了独立，其中包括那些从奥斯曼帝国逐步解体的过程中诞生的国家——如罗马尼亚、塞尔维亚、黑山(以上均为1878年《柏林条约》认可的独立国家)、保加利亚(1908年)和阿尔巴尼亚(1913年)——以及挪威，后者于1905年与瑞典解除皇室联盟。然而，上述国家并非通过发布独立宣言才取得独立，而是通过条约、相互开除、公告和全民公决的形式。[74]

19世纪下半叶的独立是与主权及随之而来的法律地位联系在一起的，而不是各式各样的民族认同，无论是种群的、语言的，还是历史的和宗教的。在新兴的民族国家如德国和意大利，民族主义是一种巩固性的凝聚力量，而独立宣言是分裂和分离的标志，显示出一种离心力，与民族国家形成过程中所需的向心力背道而驰。此外，欧洲民族主义的全盛时期恰好与欧洲外向的帝国主义扩张相契合。一旦民族国家在欧洲得到巩固，便开始了其对外扩张的过程：正是在这个意义上说，“19世纪70年代的欧洲绝非民族国家的欧洲，而是一个帝国的欧洲，既有老牌的帝国，又有即将生成的帝国”[75]。

132 20世纪见证了两次规模很大的发布独立宣言的高潮：一是紧接着第一次世界大战结束；二是自1945年持续至1993年，其间在70年代和80年代初出现了中断。第一次世界大战期间及其后，欧洲陆上帝国的崩溃导致了许

多被压制的民族从先前民族监牢般的帝国中重现，后者建立了一大批崭新的国家以为自己的民族提供栖身之所，通常同时发布一份独立宣言。这一时段问世的独立宣言中最明显地受美国《独立宣言》影响的要算是《捷克斯洛伐克国独立宣言》（1918年10月18日）。这份独立宣言是托马斯·马萨里克（Tomas Masaryk）在美国首都华盛顿特区（用捷克文字）起草的，后由来自拉什莫尔山的雕塑家格曾·博格勒姆（Gutzon Borglum）等用英文修订。宣言将美国《独立宣言》的谱系一直上溯到15世纪的早期抗议宗领袖扬·胡斯（Jan Hus），下迄20世纪初威尔逊总统的民族自决承诺。[76]

马萨里克援引这些典故显然是为了赢得美国的支持，明确呼吁美国支持这些典故。他在《国家》杂志上的一篇文章中指出："捷克-斯洛伐克国发动革命乃受《独立宣言》所承诺原则的启发。……美国不可能接受奥皇主义 133
（Austrianism），因为这样做就等于否定和背离了《独立宣言》和美国人的理想。"[77]《捷克斯洛伐克国独立宣言》发布一周以后，马萨里克在美国费城主持撰写了另一份涵盖更为广阔的《中部欧洲联盟独立宣言》（1918年10月26日），他在上面签字使用的正是美国《独立宣言》的签名者所使用过的墨水盒。[78]

类似的对民族自决承诺的诉求在这一时段还催生了其他一些独立宣言，包括《斯洛文尼亚-克罗地亚-塞尔维亚国家宣言》（1918年10月29日）、爱尔兰议会（Dáil Éireann）发布的《爱尔兰独立宣言》（1919年1月21日）、《朝鲜独立宣言》（1919年3月1日）和《爱沙尼亚独立宣言》（1919年5月19日）。[79]也正是在这一时期，一场针对英国的反殖民运动不约而同地使用了美国《独立宣言》的话语，这在1776年以来尚属首次。1930年1月，圣雄甘地为印度国大党起草了一份宣言，称"印度人有不可剥夺的权利……要享有自由，享受自己的劳动果实和生活必需品，这样才能保障他们有充分自由发展的机会。我们还认为，如果一个政府剥夺人民的这些权利并压迫他们，那么人民就有权利改变或废除它"。据此，甘地接着说，"我们相信……印度必须切断与英国之间的联系，以获得**完全**独立"；不过，他 134

很快又做了进一步的澄清：该文件“**并非是**要宣布独立，而意在表明：相对所谓自治领地位，我们想要的是完全独立”。[80] 苏巴斯·钱德拉·鲍斯（Subhas Chandra Bose）后来于 1943 年 10 月 21 日在新加坡宣布成立了第一个独立的自由印度临时政府（Azad Hind）。就像当初美国的大陆会议一样，鲍斯临时政府宣布独立的目的是为赢得国际社会承认其反抗大英帝国的武装斗争。因此，鲍斯刻意引用美国《独立宣言》的语言绝非偶然：“我们谨以自己的及战友的生命为［印度的］自由事业、福祉和终将跻身世界民族之林相互保证，共同宣誓”，并宣布该政府“将坚定地致力追求全体国民、全国各地人民的幸福”。[81]

从此以后，在所有的反殖民宣言中最清楚不过地模仿美国《独立宣言》的要算是胡志明 1945 年在中南半岛的法兰西帝国刚刚垮台后不久发布的《越南独立宣言》。宣言一开始就引用美国《独立宣言》的第二段（胡志明特意与美国战略情报局官员阿基米德·佩蒂仔细核对过）和法国《人权宣言》
135 的部分文字。[82] 紧接着，宣言列举了越南人对法国殖民主义的诸多不满，这一点可能是模仿美国《独立宣言》对英王的多项指控。如同美国《独立宣言》一样，《越南独立宣言》既指向国内的受众（此时越南独立已经演变为既成事实）又面向外国观察家（希望得到国际社会的承认）。一直以来，胡志明特别崇拜乔治·华盛顿（George Washington），因此，一方面他将越南革命纳入一个更为悠久的革命传统，另一方面又积极争取美国对越南独立的支持，前要脱离日本人的统治，后要防止法国人的卷土重来。[83] 只不过，“截至 1945 年 10 月，却显然只有越南人民承认越南的自由和独立”[84]。

20 世纪晚期问世且最接近美国《独立宣言》的结构和用词的是南罗得西亚《单方面独立宣言》，这份独立宣言虽是南罗得西亚白人少数政府在 1965 年 11 月 1 日的纷争中发布的，却一劳永逸地阐明了可被国际社会接受的独立宣言的条件和条款。这份《单方面独立宣言》刻意模仿 1776 年《独立宣言》，所以一开始就有这样的词句：“历史表明，在有关人类事务的发展过程中，有时一个民族必须解除其与另一个民族之间的政治依附关系并在

世界各国之间获取其理所当然的独立和平等地位……”[85]不过宣言未曾提到 136
个体的权利。冲突双方，伊恩·史密斯（Ian Smith）的白人少数政权与大不列颠政府，都固执地认为这场冲突在本质上是帝国精英对美国革命的重演。1963年3月，即《单方面独立宣言》发布前两年，哈罗德·麦克米兰（Harold Macmillan）的保守党政府曾秘密筹划军事干预罗得西亚独立：这份秘密文件有一个颇为不祥的名字——“波士顿倾茶事件”。[86]

罗得西亚独立宣言仅在联合国发布《给予殖民地国家和人民独立的宣言》（1960年）之后五年就问世了。联合国的这份文件称“解放的过程是不可抗拒的和不可扭转的”，“所有国家的人民”意思是所有国家的大多数人“都有不可剥夺的权利来取得完全的自由、行使主权和保持国家领土完整”。[87]因为罗得西亚独立宣言不能反映该地大多数人经过民主程序确认的自由权和主权，所以该政府发布的独立宣言便不具备被承认的合法基础。[88]

罗得西亚的事例表明，合法建国的标准自1776年迄今已有很大程度的
发展。利比里亚和匈牙利的独立宣言均诉诸欧洲及大西洋世界的文明标准。 137
第一次世界大战行将结束时列宁和伍德罗·威尔逊提出了文明自决的概念，这一概念遂成为分裂主义运动（如捷克斯洛伐克的分裂运动）趋之若鹜的准绳。第二次世界大战后，联合国成为国际规范的仲裁者，联合国决议于是成为诸如《以色列建国独立宣言》（1948年5月14日）奉为圭臬的权威文献之一。1948年以来，权利话语愈发普及，再加上《世界人权宣言》的发布，来自国际社会的压力明显加大，迫使大多数国家调整其内部主权的结构，以适应外部主权的多项机制，正如第二次世界大战以来来自国际社会的压力促成不断加速的非殖民化运动一样。

自1776年始，独立宣言更多是被作为一种主权的宣示，对外防止殖民占领，对内界说新国家的合法性来源、划定领土疆界、确认其国际法人资格。鉴于这种双重功能，随国家主权的传染和蔓延而来的两难困境至少可以追溯到美国革命时期。不过，这种追溯的上限只能到此为止，因为把独立与建国联系到一起在1776年美利坚人宣布脱离大不列颠之时尚属新生事物。

138 有观察家认为，美洲是民族国家的摇篮，始于1776年大不列颠在北美的殖民地，这比民族国家雨后春笋般凸现的19世纪下半叶要早许多。然而，由本书对美国《独立宣言》及后来的多种独立宣言的考察可知，更恰当的说法是革命时代的西半球正好像一座国家的炼狱："国家蓝图的有效性和可推广性无疑是在独立国家的多样性中锻造出来的。"[89] 因此毫不夸张地说，我们现在这个由国家组成的世界的源头在美洲，尤其是美国革命。政治理论家汉娜·阿伦特（Hannah Arendt）曾慨叹说："可悲的事实是，最终导致灾难的法国大革命塑造了世界历史的进程，而如此成功的美国革命反倒无人关注，成为一个只有局部意义的事件。"[90] 事实与此正好相反：美国革命才是一个真正具有全球意义的事件。美国革命自爆发后其影响便迅速蔓延，并最终塑造了我们至今生活于其间的由国家组成的世界。好也罢，不好也罢，至少现在我们还无法逃脱。

结　论 139

这部《独立宣言》的历史追溯了一份观点尖锐但又异常折中的历史文本形成的国际背景及其后在全球范围的广泛影响。本书的研究发现与研究美国革命的一位顶级历史学家最近的判断颇为契合，即“《独立宣言》提出了一套人权哲学，不只适用于美国人，还适用于任何地方的人群。这份文件赋予了美国革命一种普适的吸引力”[1]。本书更多关注的是国家的而非个体的权利，关注国家在国际社会得到认可的主张而非个体公民或臣民反抗其统治者
的主张。这两重关注也并非水火不容。《独立宣言》既谈自由和独立的国家 140
权利，又讲“所有的人”都享有“生命权、自由权和追求幸福的权利”。《独立宣言》对美国和整个世界的魅力正在于它在同一论证中囊括了两种权利。在世界各地接受和模仿《独立宣言》的过程中，人们把注意力更多地集中到其中有关建国的主张上，这说明人们准确地把握了原作者的真实意图及其祈望的均衡论证。

当然，对任何一份历史文本的解读都不会仅仅局限在作者本人的意图之中。这一判断尤其适用于类似《独立宣言》这样一份被视作开一类文体之先河的历史文本。托马斯·杰斐逊 1776 年的巨大成就便在于他运用自己的法学知识和修辞技巧在没有任何先例可循的情况下创造性地了撰写了这样一份可用于宣布独立的法律文本。后来的革命者、分裂主义或分离主义分子都不必进行这种飞跃性的创造性工作，并且随着时间的推移，撰写独立宣言者可资参考的文献也就愈多且更加多样化。而伴随独立宣言数量上的增加和

多样化，有关最初《独立宣言》核心启示的解读也就别样生动，有关于民众与国家关系的，也有关于个体人权及一国君主对他国君主宣示权利的。因
141 此，造成《独立宣言》对世人别具魅力的原因——将自然权利说与实证法合而为一，对个体权利与集体权利关系的折中不论，对后世演变成不同政治体裁的多种元素的大汇合——使其后世演进几乎成了某种醒目的标志，记录了1776年以来人类在世界史上遭遇的种种两难窘境。

独立宣言虽为数众多，但本质上都属于日渐扩大的国家体系中一国对他国外部主权的宣示。独立宣言是一个时代的特殊产物，在这一时代，国家逐渐成为世界政治的基本单位，与此同时，其他相与争锋的政治形式逐渐退出世界舞台。因此，此时没有哪一个国家在正式场合称自己为帝国，虽然总有一些国家的分析家或支持者在有关政策的咨文中还在非官方地使用帝国时代的话语。在过去的200年间，认定国家主权的标准已经发生了巨大变化，而独立宣言的体裁也相应地表现出灵活多样，有的采纳瓦特尔的国家定义，有的选择"文明"话语，还有的接受威尔逊的民族自决理论以及新兴的人权话语等，不一而足。但如何实现这种种理论上的诉求与在国际上宣示国家主权的实践协调一致，却仍然是一个悬而未决的当代全球秩序问题之一。

142 这种两难窘境的棘手之处恰在独立本身的矛盾重重。一旦国家拥有了独立和主权，便会抗拒来自内部的任何针对其自主性或完整性的挑战，这似乎是一个历史定则："在这种情况下，权利转而成为某种禁忌。"[2] 这一矛盾早在1777年就已变得非常明显，当时的美利坚联合邦抵制了佛蒙特宣布独立的企图。第二次世界大战以来这一定则唯一重要的例外恐怕要算是孟加拉国，该国是1971年从巴基斯坦脱离出来并同时发布独立宣言的，但其建国的过程充满了血腥。[3] 独立国家抵制进一步的独立主张，其主要原因是在独立和建国之间有一个领土问题，这一点可用如下的等式来描述：没有明确划定的领土，就等于没有国家；而没有国家，那么独立就没有意义。领土问题一直以来就是建国的核心问题：若两国人都声称对同一领土拥有主权，那么他们的独立宣言就是不可调和的，二者便会就各自主张的有效性展开竞争，

比如在以色列和巴勒斯坦之间。[4]

只要主权局限在国家以内被视为民族自决的终极目标，国内少数民族或少数人群体——特别是原住民族——在现行统治下争取独立便毫无希望。《新西兰独立宣言》(1835 年）的事例可谓这一渺茫前景的一个说明：这份独立宣言是大英帝国国王的代理人代表原住民发布的，其目的在降低当地人的自治程度。渐渐地，原住民也就不再使用独立宣言一类的手段为自身争取 143
权益和自治权利了。[5]

这样一种战略的转移可能说明，独立宣言在未来绝不会像过去那样层出不穷了。寻求推进自身事业的群体可能选择其他的自决形式——例如权力下放、共管、更广泛的政治代表权等，这种形式的自决并不需要提出领土要求，也不必争得“世界各国”的认可。当然，这样一种总括性的说法总会有不少反例存在，因为任何宽泛的预测都难免有失验之处。有学者对最近发生的多个运动，比如魁北克分离主义运动，进行了法律评估，其结论是任何一省或群体实际上都无权自主决定分离或独立，但这并不意味着将来不会有人试图实现分离，尽管有现行国际法规范的约束和现行国家的抵抗。比如，我们不难想象 17 世纪至 18 世纪清帝国统治的核心地带竟会出现一系列针对统治当局的挑战，俄罗斯联邦竟会出现进一步的分裂（如在车臣)，印度尼西亚或印度竟也出现强有力的分裂动荡。这些运动或群体是否会发布独立宣言尚有待观察。在我们这个由顽固的主权—领土实体组成的全封闭的世界里，几乎不再有仅靠发布独立宣言就能实现成功建国的 144
机会。但即使在这样一个世界里，美国《独立宣言》仍将是“决定［美国］自身及整个世界命运的利器”，这倒不是因为杰斐逊希望如此，而是因为他当时尚无法预见的多重后果。

1776—1993 年间发布的独立宣言 145

下表列有 1776 年以来发布的多种独立宣言。其中尽可能地给出完整的文献及译文的资料来源。其后选刊了一些独立宣言的范本。

缩略语: 146

Actas *Las Actas de Independencia de América,* ed. Javier Malagón (Washington, D. C., 1955)

BFSP *British and Foreign State Papers,* 170 vols. (London, 1841–1977)

IDOW *Independence Documents of the World,* eds. Albert P. Blaustein, Jay Sigler, and Benjamin R. Beede, 2 vols. (New York, 1977)

TNA The National Archives, Kew, United Kingdom

年份	国 / 邦 / 省	日　期	资　料　来　源
1776	美国	7 月 4 日	*The Papers of Thomas Jefferson,* gen. eds. Julian P. Boyd, et al., 31 vols. to date (Princeton, 1950–), Ⅰ, 429–432.
1777	佛蒙特	1 月 15 日	*Records of the Council of Safety and Governor and Council of the State of Vermont,* ed. E. P. Walton, 8 vols. (Montpelier, VT, 1873–1880), Ⅰ, 40–44.
1790	佛兰德	1 月 4 日	J. F. Rohaert, *Manifeste de la Province de Flandre* (Ghent, 1790).
1804	海地	1 月 1 日	Thomas Madiou, *Histoire d'Haïti,* 8 vols. (Port-au-Prince, 1989–1991), Ⅲ, 146–150; Marcus Rainsford, *An Historical Account of the Black Empire of Hayti* (London, 1805), 442–446.

（续表）

	年份	国/邦/省	日　期	资　料　来　源
147	1810	哥伦比亚	7月20日	*Actas*, 26–28.
	1811	委内瑞拉	7月5日	P. L. Blanco Peñalver, ed., *Historia y comentarios del libro de actas de la independencia de Venezuela 1811* (Caracas, 1983), 41–46; *Interesting Official Documents Relating to the United Provinces of Venezuela* (London, 1812), 2–21.
	1811	新格拉纳达	11月11日	*Documentos para la historia de la vida pública del libertador de Colombia, Péru y Bolivia,* ed. José Félix Blanco, 14 vols. (Caracas, 1875–1877), Ⅲ, 357–360; *BFSP*, 1 (1812–1814), 1136–1142.
	1813	墨西哥	11月6日	Carlos María de Bustamente, *Cuadro historíco de la revolucíon mexicana,* 5 vols. (Mexico, 1843–1846), Ⅱ, 406–407.
	1816	阿根廷	7月9日	*Registro Oficial de la República Argentina,* 14 vols. (Buenos Aires, 1879–1891), Ⅰ, 366; *BFSP*, 5 (1817–1818), 804.
	1818	智利	1月1日	*Documentos para la historia de la vida pública del libertador,* ed. Blanco, Ⅵ, 238–39; *BFSP*, 6 (1818–1819), 820–821.
	1821	秘鲁	7月28日	*Documentos para la historia de la vida pública del libertador,* ed. Blanco, Ⅷ, 5–7; *BFSP*, 9 (1821–1822), 393–394.
148	1821	危地马拉	9月15日	*Documentos para la historia de la vida pública del libertador,* ed. Blanco, Ⅷ, 67–68.
	1821	萨尔瓦多	9月21日	*Textos Fundamentales de la Independencia Centroamericana,* ed. Carlos Meléndez (San José, Costa Rica, 1971), 266–268.
	1821	墨西哥	9月28日	*El Libertador: Documentos Selectos de D. Agustín de Iturbide,* ed. Mariano Cuevas (Mexico City, 1947), 262–263; *IDOW*, Ⅱ, 471–476.
	1821	尼加拉瓜	9月28日	*Textos Fundamentales de la Independencia Centroamericana,* ed. Meléndez, 274.
	1821	哥斯达黎加	10月29日	*Textos Fundamentales de la Independencia Centroamericana,* ed. Meléndez, 282–283.

（续表）

年份	国 / 邦 / 省	日　期	资　料　来　源
1821	巴拿马	11 月 28 日	*Actas*, 88.
1822	希腊共和国	1 月 27 日	John L. Comstock, *History of the Greek Revolution* (New York, 1828), 499-500.
1822	巴西	9 月 7 日	*A Documentary History of Brazil,* ed. E. Bradford Burns (New York, 1956), 199-200.
1823	尼加拉瓜	7 月 1 日	*Actas*, 83-84.
1823	中美洲联邦	7 月 11 日	*Textos Fundamentales de la Independencia Centroamericana*, ed. Meléndez, 420-424; *IDOW*, Ⅰ, 142-145.
1825	玻利维亚	8 月 6 日	*Documentos para la historia de la vida pública del libertador,* ed. Blanco, Ⅹ, 62-65; *BFSP*, 13 (1825-1826), 859-862. 149
1825	乌拉圭	8 月 25 日	Antonio T. Caravia, *Collecion de leyes, decretos y resoluciones gubernativas ... de la república oriental de Uruguay,* 3 vols. (Montevideo, 1867), Ⅰ, 13-14; *IDOW*, Ⅰ, 744.
1830	厄瓜多尔	5 月 13 日	*IDOW*, Ⅰ, 200-201.
1830	比利时	10 月 4 日	*BFSP*, 17 (1829-1830), 1232.
1831	哥伦比亚	11 月 21 日	*BFSP*, 18 (1830-1831), 1359-1360.
1835	新西兰	10 月 28 日	*Fac-Similes of the Declaration of Independence and the Treaty of Waitangi* (Wellington, NZ, 1877), 4.
1836	得克萨斯	3 月 2 日	*The Papers of the Texas Revolution, 1835-1836*, gen. ed. John H. Jenkins, 9 vols. (Austin, 1973), Ⅳ, 493-497.
1836	上加利福尼亚	11 月 7 日（未被承认）	[Parke-Bernet Galleries,] *The Celebrated Collection of Americana Formed by the Late Thomas Streeter, Morristown, New Jersey,* 8 vols. (New York, 1968), Ⅳ, 1781.
1838	尼加拉瓜	4 月 30 日	*IDOW*, Ⅰ, 522.
1838	洪都拉斯	10 月 26 日	*IDOW*, Ⅰ, 329.

（续表）

	年份	国 / 邦 / 省	日　期	资　料　来　源
150	1838	哥斯达黎加	5 月 30 日	*IDOW*, Ⅰ, 146－147.
	1842	巴拉圭	11 月 25 日	*Actas*, 98 －99; *BFSP*, 34 (1845 －1846), 1320－1321
	1844	多米尼加共和国	1 月 16 日	Emilio Rodríguez Demorizi, *El acta de la separación Dominicana y el acta de independencia de los Estados Unidos de America* (Ciudad Trujillo, 1943), 33－46.
	1847	利比里亚	7 月 26 日	*The Independent Republic of Liberia; Its Constitution and Declaration of Independence* (Philadelphia, 1848), 8－9.
	1849	匈牙利	4 月 14 日	*Kossuth Lajos összes munkái*, 15 vols. (Budapest, 1948－1966), ⅩⅣ, 894－912; William H. Stiles, *Austria in 1848－1849*, 2 vols. (New York, 1852), Ⅱ, 409－418.
	1860	南卡罗来纳	12 月 20 日	*Journal of the Convention of the People of South Carolina, Held in 1860, 1861 and 1862* (Columbia, SC, 1862), 461－466.
	1898	菲律宾	6 月 12 日	John R. M. Taylor, *The Philippine Insurrection Against the United States*, 5 vols. (Pasay City, 1971), Ⅲ, 102－106.
	1903	巴拿马	11 月 4 日	*Actas*, 90.
	1908	保加利亚	9 月 22 日	*IDOW*, Ⅰ, 94－95.
151	1911	蒙古①	12 月 1 日	Urgunge Onon and Derrick Pritchatt, *Asia's First Modern Revolution: Mongolia Proclaims its Independence in 1911* (Leiden, 1989), 126.
	1917	芬兰	12 月 6 日	*IDOW*, Ⅰ, 228－230.
	1918	立陶宛	2 月 16 日	
	1918	爱沙尼亚	2 月 24 日	

① 1911 年武昌起义后，蒙古王公在沙俄的支持下宣布“自治”，1919 年在北洋政府的压力下被迫取消自治。——译注

（续表）

年份	国/邦/省	日　期	资　料　来　源
1918	捷克斯洛伐克	10 月 18 日	George J. Kovtun, *The Czechoslovak Declaration of Independence: A History of the Document* (Washington, D. C., 1985), 46–48.
1918	拉脱维亚	11 月 18 日	
1918	格鲁吉亚	5 月 26 日	
1918	南斯拉夫	10 月 29 日	*Yugoslavia Through Documents: From its Creation to its Dissolution*, ed. Snezana Trifunovska (Dordrecht, 1994), 147–148.
1919	爱尔兰共和国	1 月 12 日	*Ireland's Declaration of Independence and Other Official Documents* (New York, 1919), 3.
1919	朝鲜	3 月 1 日	"The Declaration of Independence, March 1, 1919：A New Translation," *Korean Studies*, 13 (1989), 1–4.
1919	爱沙尼亚	5 月 19 日	*TNA*, FO 608/186, fols. 229–230.
1941	叙利亚	9 月 27 日	*IDOW*, Ⅱ, 679–680.
1943	南斯拉夫	11 月 29 日	*IDOW*, Ⅱ, 784–790.
1944	冰岛	6 月 16 日	*IDOW*, Ⅰ, 334.	152
1945	奥地利	4 月 27 日	*Red-White-Red Book: Justice for Austria* (Vienna, 1947), 211–212.
1945	印度尼西亚	8 月 17 日	*IDOW*, Ⅰ, 342–343.
1945	越南	9 月 2 日	Hồ Chí Minh, *Selected Works*, 4 vols. (Hanoi, 1960–1962), Ⅲ, 17–21.
1948	以色列	5 月 14 日	*IDOW*, Ⅰ, 371.
1950	南摩鹿加群岛	4 月 25 日（未被承认）	Clive J. Christie, *A Modern History of Southeast Asia: Decolonization, Nationalism and Separatism* (London, 1996), 224.
1951	利比亚	12 月 24 日	*IDOW*, Ⅱ, 428–429.
1957	马来西亚	8 月 31 日	*IDOW*, Ⅱ, 449–451.
1958	几内亚	10 月 2 日	*IDOW*, Ⅰ, 300–302.

（续表）

年份	国/邦/省	日 期	资 料 来 源
1960	多哥	4月23日	*IDOW*, Ⅱ, 700.
1960	刚果民主共和国（扎伊尔）	6月30日	
1960	加丹加	7月11日（未被承认）	Jules Gérard-Libois, *Katanga Secession,* trans. Rebecca Young (Madison, 1966), 328–329.
1960	达荷美（贝宁）	8月1日	
1960	尼日尔	8月6日	*IDOW*, Ⅱ, 526.
1960	塞内加尔	8月25日	
1960	马里	9月22日	*IDOW*, Ⅱ, 458–459.
1960	毛里塔尼亚	10月19日	*IDOW*, Ⅱ, 465.
1961	卢旺达	1月28日	*IDOW*, Ⅱ, 594–595.
1961	坦噶尼喀	11月22日	
153 1965	新加坡	8月7日	*IDOW*, Ⅱ, 620–622.
1965	南罗得西亚	11月11日（未被承认）	*IDOW*, Ⅱ, 587.
1967	比夫拉	5月30日	Chukwuemeka Odumegwu Ojukwu, *Ahiara Declaration: The Principles of the Biafran Revolution* (June 1, 1969) (Glenn Dale, 2003), 51–52.
1968	赤道几内亚	10月12日	*IDOW*, Ⅰ, 218.
1971	孟加拉	4月10日	*Bangla Desh: Documents* (New Delhi, [1971?]), 281–282.
1971	巴林	8月14日	*IDOW*, Ⅰ, 46–50.
1971	阿拉伯联合酋长国	12月1日	*IDOW*, Ⅱ, 722–723.
1973	几内亚比绍	9月24日	*IDOW*, Ⅱ, 307–310.

（续表）

年份	国/邦/省	日　期	资　料　来　源	
1975	安哥拉	11 月 11 日	*Angola: Documentos de Independência* (Lisbon, 1976), 7-20.	
1975	东帝汶	11 月 28 日	Jill Jolliffe, *East Timor: Nationalism and Colonialism* (St Lucia, Qld., 1978), 212.	
1983	北塞浦路斯土耳其共和国	11 月 15 日（未被承认）	UN Doc. A/38/586-S/16148	
1988	巴勒斯坦全国委员会	11 月 15 日（未被承认）	*The Israel-Arab Reader: A Documentary History of the Middle East Conflict,* eds. Walter Laqueur and Barry Rubin, 6th edn. (Harmondsworth, 2001), 354-357.	
1990	立陶宛	3 月 11 日		154
1991	乌兹别克斯坦			
1991	格鲁吉亚	4 月 9 日		
1991	斯洛文尼亚	6 月 25 日	*Yugoslavia Through Documents,* ed. Trifunovska, 286-290.	
1991	克罗地亚	6 月 25 日	*Yugoslavia Through Documents,* ed. Trifunovska, 301-304.	
1991	爱沙尼亚	8 月 20 日		
1991	拉脱维亚	8 月 21 日		
1991	乌克兰	8 月 24 日		
1991	白俄罗斯	8 月 25 日		
1991	摩尔多瓦	8 月 27 日		
1991	阿塞拜疆	8 月 30 日		
1991	乌兹别克斯坦	8 月 31 日		
1991	吉尔吉斯斯坦	8 月 31 日		
1991	纳戈尔诺-卡拉巴赫	9 月 3 日（未被承认）		
1991	克里米亚	9 月 4 日		

（续表）

年份	国 / 邦 / 省	日　期	资　料　来　源
1991	塔吉克斯坦	9 月 9 日	
1991	马其顿	9 月 17 日	*Yugoslavia Through Documents,* ed. Trifunovska, 345-347.
1991	科索沃共和国	9 月 22 日	*The Crisis in Kosovo 1989 - 1999* (Cambridge, 1999), 72.
1991	亚美尼亚	9 月 23 日	
1991	土库曼斯坦	10 月 27 日	
1991	车臣	11 月 2 日	
1991	南奥塞梯	11 月 28 日	
1991	哈萨克斯坦	12 月 16 日	
1991	塞族克拉伊纳共和国	12 月 19 日	
155 1992	波斯尼亚和黑塞哥维那	3 月 3 日	
1992	鞑靼斯坦	3 月 21 日	
1992	波黑的塞尔维亚共和国	4 月 7 日	
1992	克里米亚	5 月 5 日（未被承认）	
1992	塞族共和国	7 月 4 日（未被承认）	
1992	阿布哈兹	7 月 24 日（未被承认）	
1993	厄立特里亚	5 月 24 日	

托马斯·杰斐逊《独立宣言》“原草稿” 157

美利坚联合邦大陆会议代表宣言

在有关人类事务的发展过程中，当一个民族必须摆脱其先前一直被圈囿的从属地位，并在世界各国之间依照自然法则和自然神明，取得平等和独立的地位时，出于对人类公意的尊重，有必要宣布他们不得不改变现状的原因。

我们认为下述真理是神圣和无可否认的：人生而平等、独立，由此平等又生发出若干固有且不可剥夺的权利，其中包括生存权、自由权和追求幸福的权利。为保障这些权利，人们才在他们中间建立政府，而政府的正当权力来自被统治者的同意。任何形式的政府，只要破坏上述目的，人民就有权利改变或废除它，并建立新政府；新政府赖以奠基的原则，得以组
织权力的方式，都要在最大的程度上增进民众的安全和幸福。诚然，出于 158
慎重的考虑，不应当由于轻微和短暂的原因而改变成立多年的政府。过去的一切经验也都说明，任何苦难，只要尚能忍受，人类都宁愿容忍，而无意废除他们久已习惯了的政府来恢复自身的权益。但是，当一连串执迷不悟的滥用职权和强取豪夺发生，证明政府企图把人民置于专制统治之下时，人民就有权利，也有义务推翻这个政府，并为他们未来的安全建立新的保障。这就是殖民地诸邦过去逆来顺受的情况，也是它们现在不得不剔除以前政府制度的原因。当今大不列颠国王陛下的历史，是不遗余力的一再伤害和强取豪夺的历史，所有这些暴行的直接目的就是要在这些邦建立一种绝对的暴政。为证明这一点，现把下列事实向公正的世界宣布，我们凭尚未被虚伪蒙蔽的信念发誓所言属实。

他拒绝批准对公众利益最有益、最必要的法律。

他禁止他的总督们批准急需且至关重要的法律，要不就把这些法律搁置
159 起来等待他的同意；而一旦这些法律被搁置起来，他就完全置之不理。

他拒绝批准便利广大地区民众的其他法律，除非那里的人们情愿放弃自己在立法机关中的代表权；但这种权利对他们有无法估量的价值，只有暴君才畏惧这种权利。

他一再解散各殖民地的议会，因为它们坚定果敢地反对他侵犯人民的各项权利。

在解散各殖民地议会后，他又长时间拒绝另选新议会。但立法权是无法被取消的，因此这项权力已经回到广大人民手中并由他们来行使；其时各邦仍然险象环生，外有侵略之患，内有动乱之忧。

他竭力抑制各殖民地人口的增加，为此，他阻挠《外国人归化法》的通过，拒绝批准其他鼓励外国人移居各邦的法律，并提高分配新土地的条件。

他拒绝批准建立司法机关的法律，借以阻挠公正司法。

他控制了法官的任期、薪金数额和支付，从而使法官完全屈从于他个人的意志。

160 他建立了许多新衙门，派遣蝗虫般多的官员来骚扰我们的人民，并蚕食民脂民膏。

在和平时期，他就在我们中间驻扎常备军和战舰。

他使军队独立于民政权力之外，并凌驾于民政权力之上。

他同一些人勾结，把我们置于一种与我们的体制格格不入，且不为我们的法律认可的管辖之下；他还批准这些人炮制的假冒法案，以达到在我们这里驻扎大批武装部队的目的，以及：

用假审讯来包庇他们，使那些杀害我们各邦居民的谋杀者逍遥法外；

切断我们同世界各地的贸易；

未经我们同意便向我们强行征税；

在许多案件中剥夺我们享有陪审团的权益；

编造罪名把我们递解到海外去受审；

取消我们的特许状，并从根本上改变了我们的政府形式；

中止我们自己的立法机构，宣称他们自己在任何情况下都有权为我们立法。

他已经放弃了这里的政权，撤走了他的总督，并宣布我们已不在效忠国王的臣民之列，因此也不在他的保护之下。

他在我们的海域大肆掠夺，蹂躏我们的海岸，焚烧我们的市镇，残害我 161
们人民的生命。

此时他正在运送大批外国雇佣兵来完成屠杀、破坏和专制的勾当，这种勾当早就开始了，其残酷与卑劣使其完全不配做一个文明国家的元首。

他竭力挑唆那些残酷无情的印第安人来杀掠我们边疆的居民。众所周知，印第安人的作战方式是不分男女老幼，一律格杀勿论。

他以财产充公和没收为诱饵在我们的同胞之间煽动叛乱。

他发动了一场灭绝人性的残酷战争，公然践踏人类至为神圣的生存权和自由权，对于远在另一半球且从未冒犯过他的一个民族也不放过，他将他们捕获并投入奴役之中，或将他们远涉重洋运到他的那一半球，其间有不少人惨死途中。这种类似海盗式的战争背负着**背信弃义**的大国的耻辱，竟然是由大不列颠的**基督教**国王所发动。他决意维护人口买卖的市场，并出尔反尔地压制任何一项旨在禁止或限制这种恶劣交易的立法。这一恐怖的组合不遵守任何既定的模式，现在，他竟然唆使那些人在我们当中发动武装反叛，而那
些人为购得先前被国王剥夺的自由便举起屠刀挥向另一群被剥夺自由的人， 162
这样通过唆使前者，不列颠国王用先前剥夺一群人自由所犯下的罪孽，去偿付对另一群人即将犯下的罪孽。

在这些压迫的每一阶段中，我们都曾用最谦卑的言辞请愿，要求纠正或革除上述弊端，但我们一再的请愿所得到的答复却是一再的伤害。这样，一个君主，在其品格已打上了十足暴君的烙印时，便不配做争取自由之民

的统治者。来世之人可能无法相信，在短短十二年的时间里，这一独夫竟然撕开面具，公然在一个自由原则的浸润和哺育中成长壮大的民族中间屡施暴政。

我们不是没有顾念我们的英国弟兄。我们一再警告过他们，他们的立法
机关企图把管辖权强加到我们的头上。我们也提醒过他们，我们移民并定居
来这里的状况；其中没有任何一段经历能够说明我们理应承受上述怪诞不经
的暴政：我们在这里有所成就靠的是我们自己的血汗和财富，根本没有得到
大不列颠的任何帮助；我们虽然建立起多种形式的政府，但只接受一个共同
的国王，因此为彼此间永久的联盟与亲善奠定了基础；但我们的宪法里从未
163 说过要服从大不列颠议会，历史作证，对此我们想都没想过。我们曾试图唤
起他们内心的正义感和侠肝义胆，我们恳切陈词，请他们念在同宗同种的份
上，弃绝这种必然会破坏我们彼此关系和往来的无理掠夺。对于这种来自正
义和基于血缘的呼声，他们却也同样地置若罔闻。我们曾给过他们机会，让
他们在例行的议会选举中剪除那些扰乱我们彼此间和谐关系的议员，但他们
通过自由选举让那些人再次当选了。此时此刻，他们的最高行政官正派遣与
我们血脉相连的士兵和苏格兰及外国的雇佣兵侵扰我们，屠杀我们。这一举
动等于在我们伤痛的心上捅了最后一刀，男人的气概让我们只得永远放弃这
群无情无义的弟兄。我们必须放弃此前对他们的挚爱，转而以对待其他民族
一样的态度对待他们：战时是仇敌，平时是朋友。我们本来可以在一起，成
为一个自由的伟大的民族，但他们似乎不屑于与我们一道就这一宏图伟业进
行自由的交流。既然如此，就由它去吧：荣耀和幸福的大路同样向我们敞开
着。我们将努力攀登，以建立一个独立的国家。迫不得已，我们不得不宣布
同他们永远分离。

因此，我们集合在大陆会议的美利坚联合邦全体代表，以诸邦善良人民
164 的名义并经他们授权宣布，从此弃绝并解除对大不列颠国王及其属下任何机
构的效忠关系和从属地位，从此后者发布的，或经由后者发布的，或在后者
监督下发布的任何有关声明均属无效；殖民地诸邦从此彻底断绝其与大不列

颠人民及大不列颠议会之间的一切政治联系；殖民地诸邦从此成为自由和独立的国家，作为自由和独立的国家，它们有权宣战、媾和、结盟、通商并处理独立国家理当处理的一切事务和事宜。为支持本宣言，我们谨以自己的生命、财富和神圣的荣誉相互保证，共同宣誓。

文献出处：*The Papers of Thomas Jefferson,* gen. eds. Julian P. Boyd et al., 31 vols. to date (Princeton, 1950–), Ⅰ, 423–427.

165 # 美利坚联合邦大陆会议全体代表大会宣言

（1776 年 7 月 4 日）

在有关人类事务的发展过程中，当一个民族必须解除其和另一个民族之间的政治联系，并在世界各国之间依照自然法则和自然神明，取得独立和平等的地位时，出于对人类公意的尊重，有必要宣布他们不得不独立的原因。

我们认为下述真理是不言而喻的：人生而平等，造物主赋予了他们若干不可剥夺的权利，其中包括生命权、自由权和追求幸福的权利。为保障这些权利，人们才在他们中间建立政府，而政府的正当权力来自被统治者的同意。任何形式的政府，只要破坏上述目的，人民就有权利改变或废除它，并建立新政府；新政府赖以奠基的原则，得以组织权力的方式，都要在最大的程度上增进民众的安全和幸福。诚然，出于慎重的考虑，不应当由于轻微和短暂
166 的原因而改变成立多年的政府。过去的一切经验也都说明，任何苦难，只要尚能忍受，人类都宁愿容忍，而无意废除他们久已习惯了的政府来恢复自身的权益。但是，当一连串执迷不悟的滥用职权和强取豪夺的发生，证明政府企图把人民置于专制统治之下时，人民就有权利，也有义务推翻这个政府，并为他们未来的安全建立新的保障——这就是殖民地诸邦过去逆来顺受的情况，也是它们现在不得不改变以前政府制度的原因。当今大不列颠国王的历史，是一再伤害和强取豪夺的历史，所有这些暴行的直接目的就是要在这些邦建立一种绝对的暴政。为证明所言属实，现把下列事实向公正的世界宣布。

他拒绝批准对公众利益最有益、最必要的法律。

他禁止他的总督们批准急需且至关重要的法律，要不就把这些法律搁置

起来等待他的同意；而一旦这些法律被搁置起来，他就完全置之不理。

他拒绝批准便利广大地区民众的其他法律，除非那里的人们情愿放弃自己在立法机关中的代表权；但这种权利对他们有无法估量的价值，只有暴君才畏惧这种权利。

他把各地立法机构召集到既不方便，也不舒适且远离公文档案保存地的 167
地方去开会，其唯一目的是使他们疲于奔命，顺从他的意旨。

他一再解散各殖民地的议会，因为它们坚定果敢地反对他侵犯人民的各项权利。

在解散各殖民地议会后，他又长时间拒绝另选新议会。但立法权是无法被取消的，因此这项权力已经回到广大人民手中并由他们来行使；其时各邦仍然险象环生，外有侵略之患，内有动乱之忧。

他竭力抑制各殖民地人口的增加，为此，他阻挠《外国人归化法》的通过，拒绝批准其他鼓励外国人移居各邦的法律，并提高分配新土地的条件。

他拒绝批准建立司法机关的法律，借以阻挠公正司法。

他控制了法官的任期、薪金数额和支付，从而使法官完全屈从于他个人的意志。

他建立了许多新衙门，派遣蝗虫般多的官员来骚扰我们的人民，并蚕食民脂民膏。

在和平时期，未经我们立法机关的同意，他就在我们中间驻扎常备军。 168

他使军队独立于民政权力之外，并凌驾于民政权力之上。

他同一些人勾结，把我们置于一种与我们的体制格格不入且不为我们的法律认可的管辖之下；他还批准这些人炮制的假冒法案，以达到如下的目的：

在我们这里驻扎大批武装部队；

用假审讯来包庇他们，使那些杀害我们各邦居民的谋杀者逍遥法外；

切断我们同世界各地的贸易；

未经我们同意便向我们强行征税；

在许多案件中剥夺我们享有陪审团的权益；

编造罪名把我们递解到海外去受审；

在一个邻近地区废除英国法律的自由制度，在那里建立专横政府，并扩大它的疆界，企图使之迅速成为一个样板和得心应手的工具，以便在这里的各殖民地推行同样的专制统治；

取消我们的特许状，废除我们最宝贵的法律，并从根本上改变了我们的政府形式；

169 中止我们自己的立法机构，宣称他们自己在任何情况下都有权为我们立法。

他宣布我们已不在他的保护之下，并向我们开战，从而放弃了这里的政权。

他在我们的海域大肆掠夺，蹂躏我们的海岸，焚烧我们的市镇，残害我们人民的生命。

此时他正在运送大批外国雇佣兵来完成屠杀、破坏和专制的勾当，这种勾当早就开始了，其残酷卑劣的程度甚至连最野蛮的时代也难出其右。他完全不配做一个文明国家的元首。

他强迫在公海被他俘虏的我们的公民同胞充军，反对自己的国家，成为残杀自己朋友和亲人的刽子手，或是死于自己朋友和亲人的手下。

他在我们中间煽动内乱，并且竭力挑唆那些残酷无情的印第安人来杀掠我们边疆的居民。众所周知，印第安人的作战方式是不分男女老幼，一律格杀勿论。

在这些压迫的每一阶段中，我们都曾用最谦卑的言辞请愿，要求纠正或革除上述弊端，但我们一再的请愿所得到的答复却是一再的伤害。这样，
170 一个君主，在其品格已打上了十足暴君的烙印时，便不配做自由人民的统治者。

我们不是没有顾念我们的英国弟兄。我们一再警告过他们，他们的立法

机关企图把无理的管辖权横加到我们的头上。我们也提醒过他们，我们移民并定居来这里的状况。我们曾试图唤起他们内心的正义感和侠肝义胆，我们恳切陈词，请他们念在同宗同种的份上，弃绝这种必然会破坏我们彼此关系和往来的无理掠夺。对于这种来自正义和基于血缘的呼声，他们却也同样地置若罔闻。迫不得已，我们不得不宣布和他们分离。我们会以对待其他民族一样的态度对待他们：战时是仇敌，平时是朋友。

因此，我们，集合在**大陆会议**的**美利坚联合邦**全体代表，吁请全世界最崇高的正义为我们的各项正当意图作证：我们以各殖民地善良人民的名义并经他们授权，极为庄严地宣布，这些联合一致的殖民地从此成为，而且是名正言顺地成为**自由和独立的国家**；它们解除效忠英国王室的一切义务，它们和大不列颠国之间的一切政治关系从此全部断绝，而且理应断绝；作为**自由** 171
和独立的国家，它们完全有权宣战、媾和、结盟、通商并处理**独立国家**理当处理的一切事务和事宜。为支持这篇宣言，并带着深信神明保佑的信念，我们谨以自己的生命、财富和神圣的荣誉相互保证，共同宣誓。

文献出处：*A Declaration by the Representatives of the United States of America, In General Congress Assembled* (Philadelphia, 1776).

173 # 对“宣言”的短评

（1776年）

杰里米·边沁

浏览这篇奇特的《宣言》，笔者的兴趣仅在其中给出的**事实**，即对国王陛下和议会的指控，称后者施行暴政、强取豪夺。至于其序言，我并没有特别关注；事实上，这一部分几乎完全不值得关注。如今美利坚人对政府的看法，恰如他们的祖先对巫术的看法一样，非常滑稽，大可一笑了之；只不过迄今，美利坚人的看法虽然同样地不屑一顾且大言不惭，倒还没有酿成特别严重的后果。

且不管质量如何，序言的目的是要确立一套**政府理论**；而荒谬、虚幻的理论一旦用来为某种一贯的行为辩护就变成邪恶了。在此，提出这套格言式的理论正是为反对大不列颠政府的举动正名。对于为**此目的**援引的这些格言，只说一句也就够了，那就是它们**与英国的宪法相抵触**。广而言之，这种说辞对任何一个实际存在的或想象中的政府都具有颠覆性。

他们自称要“**在世界各国之间……取得独立和平等的地位**”，依据他们
174 最近发现的所谓“**自然法则和自然神明**”。我不清楚这些精明的立法者是如何区分**自然**法则和**自然神明**的，也懒得去猜想。如果他们想要的东西有“自然神明”的律法可依，他们尽可以拿出那样一部律法，一切争执便可就此告停了。他们却没有这么做；他们拿出了什么东西呢？就是他们所谓不言而喻的真理。他们说：“人生而平等。”这当然是他们的又一个新发现；我们也因此头一次听说：一个刚出生的孩子与他的父母有着同样的**自然**权利或与当政的政府官员有着同样的**政治**权力。

他们所谓的“**生命**权、**自由**权和**追求幸福**的权利”，如果还有一些内涵的话，一定是指人有权**享受**生活、**享有**自由并**追求**幸福，而这些在他们“**看来是不可剥夺的**”，且“**看来是不言而喻的**”。与此同时，要保障这些权利，他们又觉得有必要建立政府，却根本认识不到或不愿了解：任何既有的或即将成立的政府都必然意味着上述权利或部分权利的某种形式的牺牲。因此，历史上无数政府的经验均表明，上述权利虽被当作是不可剥夺的，但实际上是被剥夺了。

凡有人预谋颠覆合法政府，必先闪烁其词以掩盖其不可告人的勾当并竭
力模糊暴政与合法政府之间的判别标准，这一点儿不令人感到惊讶。但有一 175
点却令人非常吃惊：他们提出的格言或真理与他们现在的所作所为竟如此不相符合！如果享受生活的权利不可剥夺，那么他们为什么要侵犯国王陛下的加拿大省？为什么要无端地毁掉该省那么多居民的生活？如果享有自由是不可剥夺的权利，那么为什么国王陛下如此众多的平和无辜的子民被他们以莫须有的罪名投到狱中？他们只不过是被怀疑曾诅咒其罪恶多端的暴行！如果追求幸福的权利是不可剥夺的，又为何有那么多他们的同胞因其邪恶暴行而变得更加悲惨：失掉财产，人遭放逐，妻离子散？抑或他们觉得自身有某种优越和神圣，某种特权，从而使得他们的所作所为成为合法，而世间的其他人如此行事则不合法？抑或他们觉得只有正常的、成立多年的和人们久已习惯了的政府才会有劫夺生命或自由、限制追求幸福的非法强制或犯罪行为，而他们这样做只不过是由于一时疏忽？

就其宣扬的这些原则之大言不惭而言，他们已超过所有前世的狂徒。德
国再洗礼派教徒确曾说过人有享受生活的权利且这种权利乃不可剥夺，甚至 176
法官欲判人死罪也是不合法的。但仅此而已；而美利坚的大陆会议则要添加不可剥夺的权利的数量，包括享有自由和追求幸福，如果这些说辞还有一些内涵的话。也就是说，只要一个人觉得眼见自由和幸福，他就有权利不择手段地获取之，而由人所制定的**刑法**会影响到人的生活或自由，故而有悖神明的律法和人类不可剥夺的权利。也就是说，从此盗贼不应被阻止盗窃，杀人

凶手不应被阻止杀人，叛逆者不应被阻止叛逆。

看来他们是要打倒一切形式的政府了；不过与此同时，他们也会谈起“政府”，谈到“成立多年的”政府，并对后者存有某种敬意，甚至声言“**不应当由于轻微和短暂的原因而改变成立多年的政府**”。

但他们还是决议要**改变**政府，而这个政府在他们这个群体最初形成之时就早已建立。而他们提出的理由是什么呢？是有政府存在以来或只要政府能够存在就一直存在且将继续存在的某些情形。

那么，用他们自己的话说，他们**原初唯一的抱怨**是什么呢？是他们**事**
177 **实上**不堪重税之苦？不，是他们**有可能**被课以重税。**紧接着**，他们又抱怨些什么呢？是政府**实际上**压迫他们了吗？是政府**事实上**滥用职权了吗？不，是政府**有可能**压迫他们，是政府**有可能**滥用职权。子民不可能被课以重税，不可能遭受压迫，政府也不可能滥用职权，现实中或想象中有**这样**一个政府存在吗？

在我个人看来，这就是他们**所有不满的总括和实质**。全面考察其针对国王陛下和议会的指控，我们会发现其中显而易见的混乱排序。因此，笔者觉得在此有必要按如下的目次重新编排，对问题的回应自然也就不是《宣言》提问的次序——或无序。

首先，针对政府的法案，他们指控国王陛下和议会多次**侵权**、多次**强取豪夺**。须知：此前的国王和议会从来就是这样做的。

在这一目中，有哪一项权力是此前的国王和议会不曾行使而只有本朝君
178 主本届议会行使过？我们只需读一读威廉三世九年贸易委员会制定的致洛克等先生的职责范围和指令，看一看那时的国王和议会对各殖民地行使了哪些权力，便足够了。被指派的殖民地专员当然只能在职责范围之内行使职权，负责调查并向上级如实汇报，以使国王和议会实现对殖民地的有效控制。专员的职责包括，依照指令去调查各种植园的实际情况“以及相关贸易的**政府管理及执法情况**”；了解“使［殖民地种植园］**对英国最为有利、有益**”的方法并“**对**［种植园的］**主产和加工业提出建议**”；了解“**是什么使他们偏**

离了此类贸易活动”。此外，专员还被指令“**调查并审议**当地种植园**立法机构通过的各项法案事宜**”；“**指出其对国王、王国及种植园本身的利弊得失**”。还有，专员被指令“**要求种植园的立法机构说明一切公共开销情况及相关程序、理由**”。当今国王任内通过的任何一项法案都是在上述指令的职责范围之内。

由此可见，[《宣言》中的]几个条款抱怨的有关权力行使的做法均有惯例支撑。这种权力和职责的设定、颁布是在[光荣]革命之后不久，**那时**是得到各方支持的；**不只**如此，这一做法自殖民地的建立伊始便已确立，可见当初是征得他们的同意和认可的，且此后经过连续的数个时期一直如此以至 179
成为惯例。这种权力的合法性乃建立在皇室应有的特权和广大子民的权利基础之上，故此，行使这一权力绝构不成强取豪夺或侵权。

但事实上，对于这些权力的行使，殖民地人不只曾默许，而且曾明确表示赞同，就像大不列颠的任何一个子民明确赞同本国议会的法案一样。对此，我们可参阅上下院的日志，参阅殖民地立法机构的会议记录，以及殖民地立法机构推出的法案曾无数次明确认同的表示。在前任国王的任期内，殖民地立法机构的请愿书完全不同于现任国王任期内请愿书的语言和前提假定。那时的他们虽不愿看到上述权力的行使，但在特定情况下却承认其合法性和一般的权利概念；在某些特定的情况下，他们恳求暂停行使上述权力的主要理由是**不便**。

比较而言，美利坚人根本没有理由抱怨上述权力的行使，因为多年以来这里的权力架构一直没有多大改变，而同期这里的发展势头和速度却史无前例：其他群体几乎还来不及生根，这里早已枝繁叶茂。这里的农业非常发 180
达，据说“除了能够满足不断增长的人畜需求，其年出口量已突破一百万英镑”；这里的贸易非常兴盛，据说“其增长速度早已超出最乐观的想象”。他们武装力量也异常强大，甚至不把大不列颠的全部军力放在眼里；要知道大不列颠开创这块殖民地才不过一百多年，而且不过几年前，大不列颠的军队曾遭遇并征服整个欧洲联军。

上述施政可谓约定俗成，有明确的发布认可，且因良好的效果而变得圣洁；如果这样的施政也会成为叛逆的理由，那么世界历史上没有任何一处的臣民会缺少充分的理由去叛逆；果然如此的话，整个地球上也就从来没有，也不可能会有，任何形式的政府存在。

第二目包括各种法案。法案的目的要么是维护宪法，要么是修正宪法。议会通过这些法案，最初的着眼点是解除阻碍**商业**交易中的多重桎梏，促进执法的公平正义，平衡各方在宪法中的地位，并阻止与宪法精神不相符合的机构的成立。

181 说明法案的目的在为其正名。法案的通过**绝非**旨在**施行暴政**，也绝**不是**为了**强取豪夺**，因为法案通过的前提是没有一个新政权存在。前朝的议会曾派遣**税务**官员至美利坚，并在那里成立了**海事法院**。本朝议会见殖民地贸易量和人口剧增，为殖民地的**便利**计，且为消除直接向英国政府的上诉被延迟而引发的**当地殖民地人的反对**，遂在那里成立了税务部和海事上诉法院。后来听说税务部和海事上诉法院的成立恰恰被当作**强取豪夺**的证据，而且在同一份文件中，又见以相同的口气**控诉**国王陛下拒绝当地人行使更多更大的权力——这本身是非常危险的——拒绝当地人成立更多新的法院，这真是咄咄怪事。国王陛下面对类似的境况行使同样的特权绝不是违宪。前朝君主曾数度改宪；而本朝君主不过是看到原有的宪法与维护良好秩序的目标有悖而稍作修正而已。

第三目包括所有应急的临时法案，此类法案的目的均在革除某种暂时抬头的罪恶或弊端，其适用的时间亦视后者持续的时间而定。

此类法案并未假定任何新的权力，只不过在某些情况下，法案实施中针
182 对的对象却是新近出现的。本朝君主和议会所为均是前朝君主和议会在相同的境况下乐于从事的；但在本朝君主的治下出现了此前从未有过的情形：此前的殖民地从不敢质疑议会的至高权威。

所以，此目下的指控无一构成**正当的申诉**。在此，唯一被侵害的是殖民地的子民，因为他们**遵守**国家的既定法律而固有的权利却得不到保障。而子

民一旦**不服从法律**，便同时放弃了法律的**保护**。为使子民重新遵纪守法而采取的任何措施，无论多么严厉，也构不成正当申诉的理由，尤其是因为上述目标一旦实现，相应的措施即告停止。

最后一目包括正当防卫的各个法案，正当防卫乃由上述的抵抗行为**所致**，而《宣言》中称之为旨在压迫的法案，故而自然诱发抵抗。国王陛下果真切断了他们同世界各地的贸易吗？是他们首先试图切断与大不列颠的贸易。国王陛下果真命令劫夺他们的船只吗？是他们首先烧毁了国王的船队。国王陛下果真派遣军队对他们加以惩罚吗？是他们首先拿起武器反抗国王的权威。国王陛下果真唆使印第安人介入对抗殖民地人吗？是他们首先挑动印第安人抗击国王的军队。国王陛下果真命令公海上的俘虏在海军舰艇上服役吗？国王陛下实际上是在拯救他们，使他们不必被送上断头台。

还有一些人不恰当地称这些法案为“**惩治法案**”。接着，他们又存心侮 183
辱地问道：“什么！你们惩治罪犯都不经审判吗？也不需听证会？”毫无疑问，既然是惩治，无论是一般的惩治还是特别的惩治，无论是通过**公诉**程序、**弹劾**程序或**剥夺公民权**的法案，都应先进行司法检查。但此目下的法案并非惩治法案，而是我们称之为**正当防卫**的法案，正当防卫的实施是不需先经过司法检查的。这里仅举数例以凸显惩治法案与正当防卫法案的差别，因为这比定义要清楚得多。此前，常见制造业员工一哄而起并武装起誓，逼迫雇主提高其工资；常见农民成群结队并手持武器，强迫地主压低粮价。此前，亦常见地方官员无力制服干扰其履行职责的叛乱分子，所以叫来军队救助。那时候有人会说军队是来镇压反叛分子吗？此次抵抗中确有一些不法之徒被杀死；但我们能因此说那些被杀死的人已经接受**惩治**了吗？这就如同一个纵火犯被埋在了他亲手点燃的焚毁了的房屋下面并非是遭受惩处一样，我们也不能称上述不法之徒被杀是接受惩处。再举一个更接近本案的例证。坎 184
伯兰公爵率领国王的军队——**国内外的都有**——去打击苏格兰的叛乱分子，有人说他是在惩处叛逆吗？显然没有。他是去保护忠实尽责的子民，使其免遭叛乱分子的侵害，前者理应享受国王的和平，而正是后者打破了王国的宁静。有人说卡洛登战役中被杀的叛乱分子因此接受**惩处**了吗？只要一个人尚有理性，他会认为国王的军队本不该来苏格兰镇压叛乱分子，而应先让反叛者接受审判然后定罪吗？在此，要证实正当防卫的合理性，只需人人都知晓的事实，也是**唯一的**事实，其实很简单：这些人拿起武器是在对抗国王的威权吗？人人都清楚，对此提问做肯定回答之后根本就不需司法调查，这还用问吗？如果国王陛下亲率大军抵达苏格兰并未发现那里有拿起武器的反叛分子；如果摄于国王的威势，那些人缴械投降，或悄悄散开回到自己的家中，那么结果会怎样呢？执政官会四处搜查，只缉拿那些**曾经**拿起武器的反叛分子，然后将其绳之以法：法庭对犯罪分子将凭借查实的证据或证据缺失加以
185 审理，或判刑或无罪释放。然而，反叛者并未投降，并未缴械，并未散开；相反，他们武装对抗公爵的军队，然后是一场厮杀，然后有些逃跑，有些被杀，有些被俘。只有**最后一类**人被送上法庭接受审判并最终接受**惩处**。既然如此，那么将这类法案归入正当申诉的范畴又是何逻辑呢？

上述全部法案均是在宪法——即迄今为止**无可争辩**的权力——框架下行使权力的表现，而在这份胆大妄为的文件中，一位爱国的君王却遭恶意诽谤，被称为“一个君主，在其品格已打上了十足暴君的烙印”，以至于“不配做自由人民的统治者”。上述全部法案均是在宪法——即迄今为止无可争辩的权力——框架下行使权力的表现，而大陆会议的代表们却公开宣布，自己以及自己所代表的选区从此“解除效忠英国王室的一切义务”，且“大不列颠和美利坚之间的一切政治关系从此全部断绝”。《宣言》通篇充斥着这种虚伪不实之词，他们装作整个事件并非是他们咎由自取，而是外人的强迫所致，所以他们才“迫不得已，不得不宣布和我们分离”，且从此对待我们也不得不如同“对待其他民族一样：战时是仇敌，平时是朋友”。

我不知道别人对这份《宣言》做何感触，但我个人觉得，借用一句大演
186 说家［埃德蒙·伯克］的话说，《宣言》无疑“为我们做了一件大好事”。我们有充分理由相信，国内对此问题的派系纷争将三缄其口；那些对事实视而不见或不愿承认事实的人将从此看清：美利坚人许久以来就一直在试图独

立；英国上下将团结如一人，以教训那些叛逆者，让他们知道**叫嚣**同我们**分离**是一回事儿，而**实际分离**完全是另一回事儿；让他们知道**实现独立**并不像**宣布**独立那么容易：**他们除了接受国王的和平之外将没有和平，我们与他们之间的战争也只能是被冒犯的法官与罪犯之间的战争**。我还希望，我们从此接受**不得已而为之**的举动，克服一切苦难，做好一切必要的准备，努力使这一群忘恩负义的叛逆之徒回归正道、重新效忠，虽然他们的叛逆酝酿已久，但最终还是大胆地放弃。

文献出处：[John Lind and Jeremy Bentham,] *An Answer to the Declaration of the American Congress* (London, 1776), 119−132.

187 # 《佛兰德省宣言》[节选]

(1790年1月4日)

佛兰德省议会向全体读者或听众致敬!

奉上天神明懿旨,我省欲斩断此前与外邦君主及其议会之间的关联并从此恢复自由和独立之天赋人权,只因外邦君主及其议会的统治徒然伤害佛兰德省居民的切身利益,为此,有必要向今生与来世之人述说启发并完成这一快乐革命的事件和缘由。

佛兰德省素因土地肥沃、地理位置优越和人民勤劳之故而世享天籁和繁荣,前提当然是由本邦君主施行统治。前番佛兰德省的诸位伯爵及后来勃艮第王室的诸位君主均是在其子民中间出生并长大成人,故此与其子民遵守共同的原则。伯爵与君主以国民的利益为指南,其行为举止也颇得民心。他们尊重传统以来此间居民就享有的各种权利、特权、自由以及豁免权,而这些权利与天赋人权几无二致。

188 他们在宣誓就职之时就懂得,他们自身与国家之间的纽带乃神圣不可侵犯。如果君主与子民之间出现分歧,有君主在场也能很快达成妥协,从而规避更加严重的后果。由于政府的温和、公正,佛兰德省取得了轻松而辉煌的业绩。根特和布鲁日的繁荣富裕简直无与伦比,整个佛兰德省呈现出团结一致的都市气象,而勃艮第的菲利普王室俨然成为整个欧洲的榜样。

勃艮第的菲利普王还在布鲁日组建了金羊毛骑士团,其在欧洲的盛名流传至今。佛兰德与比利时一时成为艺术与科学的中心,而此时矫揉造作、好为人师的奥地利彼时尚处于野蛮与蒙昧之中。

这一繁荣景象一直延续至麦克西米兰大公与勃艮第的玛利亚郡主大婚之时，从此，佛兰德省被过渡到奥地利王室的名下。

然而，这场婚姻既是佛兰德人辉煌的巅峰，也是佛兰德省走向衰落的起
点。佛兰德省既然成为奥地利王室的一个行省，其地位自然大不如前，甚至
本土的君王都有恍若隔世的感觉，毕竟这里离奥地利的本土太遥远了，而奥 189
地利的君王却永远居于遥远的异乡……

……上述经历之后不久，奥地利的君王便破坏了我们之间达成的协议，这一点毫无疑义。不遵守就职时公布的社会协定，实际上就等于斩断了国人服从效忠的根由。此外，该君王对国人一再要求纠正积怨的恳切陈词置若罔闻，直到最后的时刻。奥地利的君王对我们发动战争，我们被迫应战，以武力对抗武力并最终取胜。此时，依据国际法，我们有权收回所有的权利。如果奥地利的君王成功征服我们，那么他本可以依据其臣属［1789 年］11 月 20 日发布的《宣言》把我们作为战败的民族处理并获得相应的权利；但事实上是我们获胜了，所以我们就有权依照国际法和自然法的互惠原则拒绝服从并成立一个完全独立和自由的国家。

所以，依据前述决议和宣言，且有世界最高裁判者为我们的正义事业作
证，我们以本省人民的名义发布和宣布，佛兰德省从此成为，而且是名正言
顺地成为自由和独立的国家；从此解除效忠约瑟夫二世皇帝、佛兰德伯爵和
奥地利王室的一切义务。我们还宣布，佛兰德省的军民及所有个体从此不再 190
服从和效忠上述皇帝。此外，所有本省官员、法官、诸侯、封臣，不论职位
高低，解除其与约瑟夫皇帝暨佛兰德伯爵之间的所有约定和义务。

禁止任何官员、法官、雇员等使用或利用佛兰德伯爵时代的头衔或纹章；他们应从此使用本省的印玺和纹章，并听候进一步的指令。任何官方文案、急件或普通信件，如若通过程序、签字、盖章与上述要求不符，均被视作无效。

为贯彻上述指令，所有约瑟夫二世皇帝暨前佛兰德伯爵的印玺和纹章都必须马上缴送佛兰德省议会。

另外，所有金属货币从此均不得刻有前佛兰德伯爵的纹章。在下一步安排出台之前，目前本省流通的货币仍应作为法定货币。

前朝大议会对本省及所有本省居民的司法管辖权从此终止。

本宣言宜从速印刷，抓紧宣传，张贴在佛兰德省为人熟知的每一个角落，凡有必要还可另行张贴，务使所有居民及时知晓宣言的具体内容。

191 经此宣言批准，佛兰德省议会从此升格为国家司法委员会，所有委员宜严格遵守并有义务使所有国人遵守宣言发布的全部指令内容。经 1790 年 1 月 4 日全体会议签字盖章生效。

文献出处：J. F. Rohaert, *Manifeste de la Province de Flandre* (Ghent, 1790), 3–5, 22–24 (translated).

#《海地独立宣言》 193

（1804 年 1 月 1 日）

总统领致海地人民书

公民们：

仅仅把双手沾满你们鲜血的野蛮人从你们的祖国驱赶走是不够的，甚至制服一个接一个动辄以法国式的自由幽灵相标榜的分裂集团也还是不够的。现在我们必须最后一搏，以国家权威的形式确保这个诞生于自由之中的自由帝国将永远地存在下去。我们必须铲除任何一个不人道的政府，正是此前的这个不人道政府长久地束缚了我们的头脑，使我们陷入最耻辱的不人道之中，甚至还幻想着未来某一天使我们再次陷入奴役之中。最后，我们必须要保证：要么生而独立，要么就去死。不独立，毋宁死！就让这句神圣的话语把我们团结起来，就让这句话成为我们战斗的号角，成为我们重新团聚的信号！

公民同胞们，在今天这个隆重的日子里，我召集了所有那些勇敢的头领们，他们在自由奄奄一息的时刻用自己的鲜血捍卫了它。他们挺身而出，率领你们跟暴政做坚决的斗争，但这项事业还没有完成。法国的名字依然笼罩着我们的国家，这里的每一件事物都不由让人想起那个野蛮民族的残酷和暴 194
力。我们的法律，我们的习惯，我们的城市，我们现有的每一样东西都还浸染着法国人的特征，听我说！法国人依然矗立在我们这个岛上！你们觉得已经摆脱了那个与所有民族为敌的国家，虽然它永远征服不了那些渴望自由的人民。这是为什么？你们作为暴政的受害者整整长达十四年，已经习惯了轻信和容忍！这不是法国军队的功劳，而是巧舌如簧的法国代理人所致！我们什么时候才会厌倦与这些人呼吸这里的同样的空气！我们与那个嗜血的民族有什么共性呢？他们残忍，我们节制；彼此截然不同的肤色；有大洋将我们分隔开来；我们这里充满复仇的空气，所有这一切都明白无误地告诉我们：他们并非我们的兄弟，他们永远也不会！哪怕是让他们在我们这里暂时避难，他们也还会给我们制造麻烦并挑拨离间。公民们，男人，女人，老人，孩子，睁开你们的双眼环视这个岛屿的每个角落，看看你们的妻子，你们的丈夫，你们的兄弟，你们的姐妹，还要什么？看看你们的孩子，你们嗷嗷待哺的孩子，他们现在怎样？他们正成为**秃鹰的猎物**！说起这点我不禁心惊胆战。你们虽不是受害者，但你们惊恐的眼睛里只有那些杀人者，就像满身血迹的老虎一般，其实这恐怖的场景是在责备你们的麻木不仁，责备你们罪恶的拖延，为什么不去报仇？你们还在等待什么？去抚平老虎的颈毛吗？
195 要记住，你们曾说过，希望死后与自己的父辈和祖先葬在一起；你们驱走了暴政之后，是否大仇未报就先与祖先团聚呢？不！若是这样的话，祖先的尸骨都会拒斥你！噢！高贵的男人们，勇敢的将军们，你们不惧自身蒙受苦难而用鲜血为自由。你们赋予了新的生命。你们深知，如果你们不能够为全世界各民族树立一个恐怖却公正的榜样，即让世人知道你们是为恢复自由并热诚地维护自由而向暴政发出的理所当然的复仇，而做不到这一点，你们将一无所获。让那些试图再度剥夺我们的自由的人感到恐惧吧！我们就从法国人开始；让他们一想到我们的海岸就感恐惧吧，不是因为他们曾在这里滥杀无辜，而是因为我们即将发出的可怕誓言：我们将誓死保卫这片自由的领土，任何法国人都不允许亵渎并践踏我们的这片土地。

既然我们敢于求得自由，那么就让我们继续自由下去吧！不要任何人干涉！就像一个逐渐长大的孩子，拥有了力量，就会摆脱扶手索的束缚，因为那时候的扶手索在他行走时既无用又麻烦。什么人曾经打杀过我们？什么人将收获我们的劳动果实？既然战胜了敌人却又要去做奴隶，这是何等的耻辱和荒谬！

奴隶！让我们把这个可恶的称号留给法国人吧；他们征服了此地却因此不再自由。我们还是跟随他人的脚步吧，我们要向其他国家学习，因为这 196
些国家的人们背负着自身的关切步入未来，他们害怕给未来的人留下一个胆小鬼的恶名，因此，他们宁愿战斗到最后一个人也不愿被从自由民族的名单上抹去。与此同时，我们要格外小心，以免改宗的精神毁掉我们先前的所有努力。就让我们的邻居在和平中呼吸吧，让他们在自己制定的法律的保护下和平地生息。我们不要不小心成为革命的点火棒，想着某一天成为整个安的列斯群岛的立法者，并以打扰周边岛屿的宁静为荣耀。他们生活的岛屿并不像我们的那样浸透了无辜岛民的鲜血，他们并不需要向保护他们的前政府复仇，他们是快乐的一群人，竟不需像我们一样必须经历那场害人的瘟疫，所有他们肯定希望我们的后辈会过得更好。

对邻人采取和平政策，对法国人，这个可诅咒的名字，是永远的仇恨，这就是我们的原则。

海地的乡亲们，是命运的垂青使我在未来的某一天有幸成为我们为之奉献的偶像的护卫者。我一生为你们而战斗，有时甚至是一个人在战斗，我现在已经老了。我有幸向你们传达上苍嘱托给我的神圣使命，是要你们记住，你们现在的任务是要捍卫这一使命。我以能够为你们的自由而战而感到幸福，但要确保个人的自由就必须有法律来巩固，所以今天我把你们所有的头领们召集来，是为了这最后的忠诚的见证。

诸位将军和头领们，为了我们祖国的幸福，请和我一道努力吧！时候到 197
了！这个将使我们的荣耀和独立永存的时刻！

如果你们中间尚有不甚热衷者，不愿意同我们一道起誓，那就请他离开吧。我们在这里要向全世界、向我们的后代子孙、向我们自己发誓永远放弃法国，宁死也不愿生活在法国人的统治之下，为了祖国的独立我们将战斗到最后一刻！

在不幸中遭遇太久的人啊，请见证我们当下的誓言。请记得，我最初投身自由的事业去抗击专制与暴政，正是凭借着你们的坚贞和勇气，迄今已经有十四个年头了。请记得，我为了捍卫自由，我失去了我曾拥有的一切，包括我的父母、子女和财产，而今，只有在你们的自由之中，我才能找到我真正的财富：我的名字令奴隶制的拥护者或暴君们感到恐惧，暴君们甚至诅咒上天生出了我这样一个人。今天我们通过的法律乃是上天关注你们命运的护卫天使授予我的，为的是你们的幸福；如果你们拒绝接受或接受而不是心悦诚服，那你们将作为忘恩负义的民族而被记入历史。但还是不要这个可怕的想法吧：你们将成为自身倍加珍惜的自由的护卫者，成为你们的总统领的坚强后盾。

198 请发誓做一个自由和独立的人，宁死不愿再回到先前的枷锁之中；请发誓与祖国的叛徒和独立的敌人做坚持不懈的斗争。

让-雅克·德萨林

1804年独立元年1月1日

戈纳伊夫总部

文献出处：Marcus Rainsford, *An Historical Account of the Black Empire of Hayti: Comprehending a View of the Principal Transactions in the Revolution of Saint-Domingo, with its Ancient and Modern State* (London, 1805), 442-446.

《委内瑞拉独立宣言》 199

（1811 年 7 月 5 日）

以至高无上的上帝的名义，

联合一致的加拉加斯、库马纳、巴里纳斯、玛格丽塔、巴塞罗那、梅里达和都卢诗罗诸省在南部大陆共同组建了委内瑞拉美洲联邦。我们以联邦代表大会的形式，共同商讨完全享有自身自然权利的问题。全体代表认为，自 1810 年 4 月 19 日的巴约讷事件和西班牙国王被迫退位起，我们理所当然地在法律上享有自身的自然权利，因为随后建立的新王朝根本未经我们的同意。因此，全体代表决议，在真正行使我们的自然权利——此前的三个世代，别人用武力剥夺了我们的自然权利，而今，人类事务的政治秩序使我们恢复了这种自然权利——之前，向全世界郑重宣布上述事件的始末缘由，以及我们将因此合法自由行使自身主权的理由。

不过，我们并不主张凡被征服的国家都必然有不容置疑的权利恢复自身的自由和独立。我们愿宽宏大量地忘记令人伤心的征服者的权利不分青红皂
白地加之于所有发现者、征服者和殖民者后代子孙的一连串的苦痛、伤害和 200
匮乏，使他们陷入更加凄惨的命运，而发现者、征服者和殖民者当初从事这项事业是为子孙求得福荫。对于西班牙人占领美洲三百年的历史，我们愿一笔带过，在此只陈述那些实实在在且众所周知的事实，这些事实说明一个世界对另一个世界的权利理所当然地被从此剥夺，而恰是颠倒是非、失序无度和大肆征服使西班牙王国陷于分裂。

这种失序无度加剧了我们美洲人的痛苦，因为这一态势使得投诉得不到处理，纠正或革除弊端的措施得不到落实，西班牙派来的总督便可以肆无忌

惮地侮辱和压迫我们，使我们得不到法律的救助或保障。

美洲地域辽阔，人口更是远超西班牙，但却屈从、依赖欧陆上的这样一个蕞尔岛国，这不只有违自然秩序，而且就西班牙的政府管理来说也非常不现实，更为美洲人的生活增添了无限苦痛。

发生在巴约讷的割让与退位，发生在埃斯科里亚尔和安吉岛的巨变，以及皇室代理人伯格公爵发布的命令被送抵美洲，这些足以说明美洲人已经享有权利的事实，而在此前，美洲人为维护西班牙王国的团结和统一一直未曾要求获得这些权利。

委内瑞拉人是第一个公开承认并慷慨维护上述统一的局面的；只要这种局面对委内瑞拉人有丝毫得救的希望，他们也不愿放弃兄弟间共同的事业。

201 美洲由此获得了一次新生，从此能够，而且是理所当然地把握自己的未来命运和自我保全。不管西班牙承认国王的权利与否，其本质上是置个人的生存于国家民族的尊严之上。

波旁王朝的支持者们都认为巴约讷协议中有关委内瑞拉脱离西班牙王国的条款无效，因为这是背弃行为，违背人民的意志。他们这样做实际上等于废除、辱没并违背了来自两个世界的西班牙人用鲜血和财富与国王立约中的全部神圣义务，且有悖奥地利王室的积极努力。他们的这种行为使自己既没有资格，也没有能力去管理一个自由的民族，因为他们对待后者就好像是对待一群奴隶。

各种形式的富于侵略性的政府总是冒称代表人民的利益，它们利用美洲人对后一信条的轻信，凭借两大洲的距离遥远、它们自身高高在上的压迫态势和被压迫者的无知，反对以武力入主西班牙的新王朝；他们背弃自身的原则，在我们中间制造一种支持斐迪南七世的幻象，其目的不过是要吞并我们和肆无忌惮地骚扰我们。至多，他们会以华而不实的话语和精雕细琢的词句许诺给我们以自由、平等和博爱，但这却是一个以狡诈、无用和有辱人格的代表权铺下的陷阱。

202 一旦各种形式的西班牙政府经过厮杀、彼此更迭并最终被解散之后，一旦委内瑞拉为捍卫国王的权利并为祸乱缠身的欧洲兄弟提供避难所而不得不急切地谋求自保之时，他们此前行为的本质便暴露无遗：他们各执一词，称我们煽动叛乱、背信弃义、忘恩负义，我们一如既往的作为曾被视为西班牙政府统治的典范，现在却俨然被颠倒过来。这是因为他们垄断统治的大门被从此关闭，而他们曾设想以虚构的国王的名义长久地维持其统治。

我们曾经抗议过，也曾试图克制或慷慨大度，申明我们的原则不容侵犯，但是，与我们欧洲的兄弟们的意愿相反，他们说我们发动叛乱，他们封锁我们，他们向我们宣战，他们派遣大批间谍来挑拨我们窝里斗，目的就是要破坏我们和欧洲其他国家的关系，并拉拢后者反对我们。

他们对我们的据理力争根本置若罔闻，也不肯诉诸公正无私的世界的裁断，以至于裁判我们的法官全都是我们的敌人，我们与自己的兄弟们之间的联系也因之被切断。除了上述诽谤之外，他们还目中无人地让他们的傀儡密探在法庭上作证，公开反对我们，而后者的目的就是仰仗敌人的势力和武力随意处置我们的人身和财产。

当他们不得不承认我们享有代表权的时候，又千方百计地试图排挤、压 203
制我们。他们把我们的选区缩小到微不足道的规模，选举受制于由总督们指定的异常被动的市属机构，这分明是对我们诚信参政举动的侮辱，全然不顾我们无可置疑的政治上的重要地位。

西班牙政府对我们正义的呼声充耳不闻，还竭力诋毁我们的一切努力，说我们是罪犯，只会赢得恶名，唯一收获的是绞刑架和财产被没收。事实上，我们一些美洲人在不同时期的所为是在为自己的国家谋福利：出于安全的考虑，我们不愿自己的国家陷入可以预见的无序状态，我们的努力就是要一劳永逸地消除那种可怕的命运。西班牙政府实施的残暴政策使得我们的弟兄根本无视我们的不幸；他们还被武装起来反对我们；他们胸中的那种同宗的亲缘友善早已丧失殆尽；我们这个大家庭中的某一部分成员已经沦为我们的敌人。

我们信守承诺，曾一度牺牲自身的安全和公民的尊严而慷慨效忠波旁王朝的斐迪南，虽然这并不意味着我们因此便放弃了自身的权利。就在这期间，我们注意到斐迪南国王虽受法国皇帝的胁迫，却不忘认同血亲和友情，
204 因此，西班牙的多个政府在决议中对此表示了有条件接受。

这一令人悲伤的选择一直持续了三年，其间我们在政治上显得优柔寡断、模棱两可，这对我们而言是非常危险的，甚至是致命的。仅凭这一点，西班牙政府应该完全接受上述方案，因为我们真正地信守了承诺并看重同宗的友情，所以才造成我们一再的延迟。而今，西班牙政府持续不断的敌意和违背人性的行为却使我们不得不超越最初的提议并解除我们当初有条件的效忠，迫于形势，我们现在有必要完全行使我们的代表权。

不过，我们依然乐于以更高尚的原则指导自身的行为，我们不愿把自己的幸福建立在其他人的痛苦之上，因此，我们认为，并在此宣布：凡与我们有共同血缘、共同语言和共同宗教信仰者均是我们休戚相关的朋友、伙伴和合作者，条件是他们必须承认与西班牙及其他国家之间属**完全独立**的关系，他们乐于与我们一道用自己生命、财产和全部心力维持这一局面。从此，西班牙人（及其他任何国家的人）与我们的关系遵循下述原则，即战时是敌人，平时是朋友、弟兄和各自的爱国者。

205 鉴于上述政策的理由实实在在、众所周知且不容置疑，我们完全有必要恢复人类事务的秩序赋予我们的自然权利。国家有某些不受时效限制的权利，循此，凡不合政府建立最初目的的条约、协议或协会，我们要全部取缔。我们认为不能，也不应该继续维持我们与西班牙政府间迄今为止的任何关联；如同世界上的其他国家一样，我们是自由的，我们有权利只凭自己的权威行事并在世界各国中拥有平等的地位，这是至高无上的上帝和自然赋予我们的，同时也是人类事务发展过程的驱使和我们自身的善意和利益使然。

我们意识到要加入世界政治秩序，对我们自身而言必然伴随着诸多困难，我们有随之而来的诸多义务必须履行，更重要的是，我们有多种传承已久的政治组织形式和生活习俗，而这些对我们难免有重大的影响。但与此同时，我们也深知，在可以摆脱传统陋习的时候选择屈从将更可耻，对我们的

后代子孙而言也更致命，就如同过去我们长久地接受了的痛苦的奴隶制一样。今天，为生存、安全和幸福计，我们必须彻底改变先前的各种政治组织形式，这对我们来说已是义不容辞的责任。

因此，基于上述原因，并出于对人类公意和其他国家的尊严表示尊重， 206
我们决议加入其中，相信这些国家会与我们沟通并表现出相应的友善。基于此：我们委内瑞拉联合省的全体代表，呼吁至高无上的上帝为我们的正义诉求和纯良意愿作证，并恳请其帮助；我们认定，人生之初便享有上帝赋予的尊严，因此，我们愿生为自由人、死为自由身，虔信并捍卫耶稣基督的恢宏教义和福音训导。我们以善良的委内瑞拉人民的名义、意志和权威向世界庄严宣告：从今日起，委内瑞拉联合省成为，而且是名正言顺地成为自由、主权和独立的国家；他们从此不再臣服和仰赖西班牙国王或自称是西班牙国王的代理人和代表；作为一个自由和独立的国家，委内瑞拉联合省完全有权遵照人民的意志成立政府、宣战、媾和、结盟、缔结商约、规划疆域、规范航线；像其他自由和独立国家一样，处理独立国家理当处理的一切事务和事
宜。为确保本宣言的有效性、坚定性和持久性，我们谨以自己的生命、财富 207
和神圣的国家荣誉纽带共同宣誓作证。本宣言签署的地点为加拉加斯联邦政府大厦，有所有代表的亲笔签名，盖有联邦政府的临时印章，并有大会秘书长的会签，时间为1811年7月5日，即我们的第一个独立日。

文献出处：*Interesting Official Documents Relating to The United Province of Venezuela* (London, 1812), 3–19.

209 # 《新西兰独立宣言》

（1835 年 10 月 28 日）

一、我们是新西兰北部地区的世袭酋长和部落头领。1835 年 10 月 28 日，我们在岛屿湾的怀唐伊聚会，共同宣誓：新西兰联合邦从此成为一个独立的国家。

二、新西兰联合邦的主权和最高权力机构完全由各世袭酋长和部落头领的联合体共同决定，同时，不允许该联合体之外有任何分立的立法机构存在，除了经联合体全体大会指定的人选及在其通过的法律框架下，联合邦的领土范围内不得有任何组织或机构行使政府的职权。

三、各世袭酋长和部落头领决定每年秋季在怀唐伊召开全体大会，以修
订分配正义、维护和平与秩序和规范商业活动的法律；同时恳请南部各部落
210 抛开个人恩怨，以整个国家的安全和福祉为重，早日加入联合邦的集合体。

四、他们还同意将一份该独立宣言的原本呈送英国国王陛下，感谢他对他们的国旗的首肯；感谢来此定居的英国臣民和来此从事贸易活动的商人对新西兰人表现出的友谊和提供的保护，他们还恳请陛下一如既往地视这个尚在年幼的国家为自己的子女，恳请陛下一如既往地保护这个国家的独立，以使其免遭任何形式的侵害。

文献出处：*Fac-Similes of the Declaration of Independence and the Treaty of Waitangi* (Wellington, NZ, 1877), 4.

《得克萨斯人民代表一致通过的独立宣言》 211

（1836 年 3 月 2 日）

当一个政府不再保护其合法权力的源泉，即人民的生命、自由和财产权利，不再服务其成立之初所遵循的宗旨，即增进人民的幸福，更不要说保障这些不可估量的和不可剥夺的权利，而蜕变成为邪恶的统治者手中压迫人民的工具时；当这个联邦共和国宣誓效忠的宪法业已不在，整个政府的性质已经完全改变，不经人民的同意，从一个由各个主权国家组成的有限的共和政体蜕变成为一个巩固的中央集权的军事专制，完全置人民的各项利益于不顾，而只是服务于军队和祭司这两个公民自由的永远的死敌，前者是权力豢养下跃跃欲试的奴才，后者是暴君常用的工具；当宪法的精神早已荡然无存、宽容早已丧失殆尽之时，甚至自由的表面文章都已远离，宪法已徒具其
名，请愿和抗议根本无人理会，人民代表被打入地牢，此时成立的新政府是 212
在成批的端着刺刀的雇佣军的扶持下而加之于人民的。

上述违法乱纪的行为接连不断，而政府在此时选择辞职，其结果就是无政府主义的盛行，公民社会蜕变到原初的无序状态。在这样一种无序的危机中，自保，即自然的第一法则，也是人民固有且不可剥夺的权利，就上升为首要原则，在某些极端情况下，他们事实上把政治事务重新握在自己的手中。此时，对他们及他们的后代子孙而言，捣毁这样一个政府，并建立一个能够拯救危局、确保未来生计和幸福的新政府，就成为一种权利和神圣的职责。

国家以及个人的行为都必须服从人类的公意。因此，我们向公正的世界提交以下控诉，虽不完全，却足以为我们当下采取的充满危险但又不可

避免的步骤，切断我们与墨西哥人之间的政治联系，独立于世界民族之林正名。

墨西哥政府通过多项殖民法案，邀请和诱引居住在得克萨斯的盎格鲁裔美利坚人在其境内垦荒殖民，承诺后者会得到成文宪法的保护，他们虽来自
213 美国且习惯于那里的政府和法律，却理应在此享受这一宪法赋予的自由并得到墨西哥联邦政府的保护。

然而，这种期许给他们带来的却是彻底的失望，安东尼奥·洛佩斯·德·桑塔·安纳将军最近竟然默许墨西哥政府做出重大变革，他推翻了国家宪法，让我们做最残酷的一个选择：要么放弃我们经过千辛万苦才建立起的家园，要么屈从于最不能忍受的暴政，即刀剑加祭司的暴政。

墨西哥政府将我们的切身利益交与科阿韦拉州政府处理，通过充满嫉妒和偏颇的不断立法，通过远在他乡的政府和充满敌意的所谓多数人的赞同，使用一种不为我们所知的语言；我们曾用最卑微的言辞恳请成立一个独立的州政府，并依照国民宪法的程序向国民议会递交了一份共和宪法，但所有这些都不由分说地遭到轻蔑的拒斥。

我们的一位公民同胞，只因努力争取上述提交的宪法和成立州政府的提案获得通过，就被长期地关押在地牢里。

214 墨西哥政府顽固地拒绝给予我们陪审团的权益和公民自由，而这恰恰是公民生命权、自由权和财产权的唯一保障。

它虽有近乎无限的公共资源且明知政治科学中的一个公理，即不经教育和启蒙，任何一个民族都不能指望公民自由的延续和自治能力的提升，却拒不建立公共教育体系。

它在我们中间派驻大批军官，在这里任意欺压和实施独裁，因而践踏了最为神圣的公民权利，使军队凌驾于民政权力之上。

它使用武力强行解散了科阿韦拉和得克萨斯州议会，使我们的议会代表从政府所在地夺路而逃，因而剥夺了我们至为根本的政治代表权。

它强令我们的一些公民向其投降，然后让军方将其捕获并交由内务部审判，这是对民政当局的公然蔑视，是严重的违法违宪行为。

它还收买国外的亡命之徒对我们的商船发动海盗式袭击，并授意其将截获的船只押送到遥远的港口予以没收。

它剥夺我们依照自己的良心崇拜上帝的权利，而让我们支持一个所谓的
国教，其目的不过是要促进人世间某些职能部门的利益，而不是为了永生真 215
神的荣耀。

它强令我们缴械，但武器是我们正当防卫所必需的，是自由人的合法财产，只有专制政府才惧怕人民拥有这项权利。

它从海路和陆路同时侵入我们的国家，目的是将这里变成一片废墟，将我们赶出家园；此时正有一大批的外国雇佣兵向我们逼近，试图对我们发动一场毁灭性的战争。

它还通过特使挑唆那些残酷无情的野蛮人，手持战斧和剥皮刀，来屠杀我们毫无防御能力的边民。

在我们彼此接触的整个期间，墨西哥政府既不断发动军事革命，又受不断军事革命之害，充分显示出这是一个疲弱、腐败的专制政府。

得克萨斯人民一直耐心地承受着上述冤屈，直到有一天选择默默地承受已经变得非常不明智。我们拿起了武器要捍卫国民宪法。我们呼吁我们的墨西哥兄弟给予协助，但这一切都是徒劳。几个月过去了，墨西哥内务部没有表示任何同情或做出任何反应。因此，无奈之下，我们得出了如下令人伤心
的结论：墨西哥人已经默许一个军人政府的存在并破坏他们的自由；他们已 216
经不配做自由人，也没有能力实现自治。

因此，出于图存的必然要求，我们与墨西哥政府在政治上必须实现永久的分离。

因此，我们，得克萨斯人民的全权代表，在此庄严集会，吁请公正的世界为我们被逼无奈的必然选择作证：我们下定决心并在此宣布，我们与墨西

哥国的政治联系已经永远地结束，得克萨斯人民从此成为一个自由、主权和独立的共和国，从此享有任何独立国家理应享有的一切权利和属性。我们非常清楚自己的正直意图，所以毫无畏惧、充满信心地恳请国家命运的最高仲裁者予以仲裁。

大会主席、雷德河区代表，理查德·埃利斯。

文献出处：*The Papers of the Texas Revolution, 1835–1836,* gen. ed. John H. Jenkins, 10 vols. (Austin, 1973), Ⅳ, 493–496.

《利比里亚联邦人民代表通过的独立宣言》 217

（1847 年 7 月 16 日）

我们，利比里亚联邦人民代表，在此集会，经人民授权并仰赖人类事务最高仲裁者的扶助和保护，欲成立一个新政府。因此，我们以人民的名义并代表联邦人民，宣布该联邦为一个自由、主权和独立的国家，名为利比里亚共和国。

在向世界各国宣布这一共和国人民自觉理所应当的新立场之时，出于尊重，有必要简要说明其这样做的原因：首先是他们背井离乡来到这荒蛮之地定居，然后是他们如何在主权和独立的原则之上组建政府。因此，我们恭请世界各国注意以下事实：

我们认为，所有的人都享有某些不可剥夺的权利，其中包括生命权、自
由权和获得、拥有、享受及维护财产的权利。由从古至今的人类实践可知， 218
就行使、享受和保障上述权利而言，某种政治体系或政府形式可谓不可或缺；每一个民族都有权建立自己的政府，而且他们有权选择自认为能够最有效地实现上述目标、保障自身幸福且同时又不干扰其他人行使正当权利的政治体系或政府形式。因此，建立政府并行使政府职权是一个民族享有的不可剥夺的权利，阻抗之必招致极端的不公正。

利比里亚共和国人原本是北美洲美利坚合众国居民。

在那个国家的某些地方，法律禁止我们享受上述做人的权利，而在另外一些地方，比法律还要强大的是公众舆论，辇毂之间让我们无地自容。

我们被排除在参与政府管理的人群之外。

我们无须同意却必须纳税。

我们被迫向国家贡献资源却根本得不到国家的保护。

我们被划作要与普通人分隔开来的另类，而且任何一条改善的路径都被死死地关闭。甚至新到的外国人，只要肤色与我们不同，都会享受比我们好得多的待遇。

219 我们曾多次投诉，但要么是无人理睬，要么被告知：这是本国独有的生活方式和制度使然。

就这样，我们胸中燃烧的变革的希望在自己的国家被彻底熄灭了，我们带着焦虑和渴望去寻找一个避难所，以摆脱弥漫在这个国家的深重的堕落。

美国的仁义与慈善之士为我们选择了非洲西海岸，作为我们的未来家园。远离我们饱受压迫的故土，我们真心地希望在这里能够享受自然神明赋予我们的与世人无异的权利和权益并在实践的过程中不断改进。

在美国殖民协会的赞助下，我们在这里购买了土地并定居下来。

在最初协议中，我们委托该协会承担了某些政治权力；根据规定，一旦来此定居的人们有能力自治或希望自治，那么该协会就应该放弃受托管理的权力，和平地撤出其监督机构，从而还政于民。

有这一机构体制的支持和指导，还政于民的承诺得到了不折不扣的贯彻，我们也因此人口增加、经济繁荣。

伴随来自美国的移民人数的不断增加，还有当地原住民部落的加入，视
220 情况所需，我们又不时地从当地人的手里购买了土地，因此我们管辖的领土疆域也在不断扩大。

而伴随领土的扩大和人口的增加，商业也增长了。世界上大多数文明国家的旗帜都曾在我们的港口飘扬，各国商家在此开辟出一条备受瞩目且利润颇丰的贸易航线。直到最近，类似的访问一直是在和谐有序地进行；但随着访问变得日益频繁，抵达港口的数量不断增加，问题就出现了，我们觉得要解决问题只能通过与各主权国签署协议。

在过去的数年中，除了任命总督之外，美国殖民协会实际上已经退出所

有直接的和积极的政府管理工作，而且任命的总督也是殖民地出身，这样做的目的显然是为检验当地人自我管理的能力。迄今，从来没有过关于立法粗疏、管理不善或行政失职的投诉。

基于上述事实，美国殖民协会在与我们的交往中可谓是一如既往地信
守承诺，并于公元 1846 年 1 月通过一系列决议，与利比里亚共和国完全脱 221
离了政治联系，将当初委托管理的政治权力如数交回，开始让当地人实行自治。

利比里亚人民从此建立起，而且是名正言顺地建立起一个自由、主权和独立的国家，他们拥有政府应有的一切权利、权力和功能。

利比里亚人民在承担起如此重大的政府管理职责之时，一方面感到此举的必要性，另一方面深信文明世界的公正裁断。

利比里亚绝不是野心勃勃的产儿，也不是贪婪投机的工具。

我们当初来此绝不是为了扩张领土，也不相信那些曾帮助过我们寻得这一避难所的人怀有这种卑鄙的动机。

利比里亚是一个躲避最严酷压迫的庇护所。

我们当初来到非洲海岸之时，曾抱有一种令人沉醉的愿望，那就是在此可以实践和提高赋予人尊严的那种能力；在此培育我们心中燃烧着的向往高尚的情怀；在此珍惜和沉湎于仁慈的造物主植入每个人内心的向善的愿望，让所有蔑视、嘲笑和压迫我们这一种族的人都知道，其实我们有着共同的禀
赋；而且这种禀赋同样可以高贵，同样能够提升，给生活带来光亮，为人生 222
赋予尊严。我们怀揣这种愿望来此，就是希望我们可以按照孩子们的本性去培养他们，激发他们热爱名声、追求高尚，点燃他们内心的崇高和慈善，使他们发自内心地尊崇人性、美德和宗教信仰。

我们当初背井离乡——永远地放弃儿时的情景，永远地斩断与挚爱亲朋的关联——心中最为强烈的愿望就是能够找到这样一处所在，那里没有恐惧与折磨，我们可以用自己的方式祭拜祖先的上帝。

到目前为止，我们的最高愿望已经实现。利比里亚已成为成千上万先前受压迫者的幸福家园；如果不受外界干扰，任其自然而然地生长和发展，如果她能够摆脱人世间令人困惑的阴谋、野心、嫉妒和不择手段的贪婪而自由行事的话，那么她的大门将会更加开放，时刻准备迎接更多睁着期盼的眼睛寻找安身之地的人们。

我们的法院对初到者和公民同样的开放，随时接受他们的申诉，为他们所遭受的伤害寻求补偿，并惩治犯罪。

223 我们有很多学校，并且入学率极高，这说明我们在努力，希望我们子女的素质得到提高。这里教堂林立，供人们祈祷和崇拜造物主，说明我们深信主的教诲。

本地出生的非洲人在这里匍匐在永生的神的脚下。这表明，虽然我们本身是弱小的，但基督教的灵光在此闪耀；另一方面，只要我们的能力所及，万恶的奴隶贸易在此面对的是一团永恒的死寂。

因此，我们以人性、美德和宗教的名义，以我们共同的造物主——上帝的名义，向信奉基督教的所有国家发出呼吁，真诚地恭请他们顾念我们的具体处境并对我们理所应当的做法予以同情和友善，因为礼让和友善实乃文明和独立国家交往的标志。

文献出处：*The Independent Republic of Liberia; Its Constitution and Declaration of Independence ... with Other Documents; Issued Chiefly for the Use of the Free People of Color* (Philadelphia, 1848), 8–9.

《捷克斯洛伐克国独立宣言》 225

（1918 年 10 月 18 日）

这是一个非常重要的时刻：霍亨索伦王室提出和平方案，目的是阻止盟军的胜利进军，以避免奥匈帝国和土耳其被解体的命运；哈布斯堡王朝许诺帝国要实行联邦制，凡是对帝国统治不满的民族都可以实行自治；盟国及美国政府完全接受捷克代表 1918 年 1 月 6 日在布拉格的提议，承认捷克斯洛伐克国民议会为捷克斯洛伐克国临时政府。值此，我们充分地认识到，在哈布斯堡王朝的治下实行联邦制甚至自治根本毫无意义。因此，我们制定并发布如下的独立宣言。

我们这样做有两个原因，一是我们坚信任何一个民族都不应被强迫在一个他们不认可的强权统治下生活，二是我们深知并确信哈布斯堡王朝试图建立的不过是一个伪联邦，是一种非国家化形式的压迫，在过去的三个世纪中我们一直生活在这种压迫之下，而在此压迫下，我们这个民族不可能得到自
由发展。我们认为，自由是联邦首要的先决条件，整个中东欧的自由民族国 226
家若觉得有必要，可以轻松实现联邦。

我们制定这个宣言是基于我们的历史和自然权利。我们在 7 世纪就已经成为一个独立国家；1526 年，作为一个由波西米亚、摩拉维亚和西里西亚三个地区共同组成的独立国家，我们加入了奥匈联盟，目的是应对来自土耳其人的威胁。我们从未将自己作为独立国家的权利交与上述联盟。哈布斯堡王朝不遵守我们之间的协议，非法践踏我们的权利，违背我国的宪法，虽然他们口口声声说支持我们保有权利和宪法。因此，我们决不愿再隶属于奥匈帝国，无论是以何种形式。

我们主张波西米亚人有权利与其斯洛伐克同胞再度团聚，因为后者一度曾是我们国家的一部分，只不过后来被强行拆散并在五十年前并入马扎尔人的匈牙利国，马扎尔人使用无法形容的暴力残酷压榨其臣属种族，所以业已失去其施行统治的道德性和人权，他们只配管好自己。

全世界都知道我们反抗哈布斯堡王朝压迫的历史，而 1867 年奥匈帝国二元制折中方案更加剧和系统化了这种压迫。这种二元合并实是一种无耻暴
227 力的组合，旨在施行少数人对多数人的剥削；这是德意志人和马扎尔人的一场政治阴谋，直接针对的就是我们和帝国内其他斯拉夫裔及拉丁裔民族。全世界都知道我们的正义主张，甚至连哈布斯堡王室也不敢否认。弗朗茨·约瑟夫一世曾以最隆重的方式反复重申其对我们民族国家主权的承认；但德意志人和马扎尔人反对这种承认，而此时的奥匈帝国则匍匐在泛德意志民族主义者的脚下，甘心成为德意志人的殖民地，并且充当德意志帝国在东方的急先锋，挑起了最后一次巴尔干冲突以及目前还在进行中的世界大战，哈布斯堡王室在单方面发动这场战争之时根本没有征得人民代表的同意。

我们再不愿，也不可能在施暴者和杀人犯的统治下生活，这些统治者曾直接或间接地侵犯比利时、法国和塞尔维亚，他们还将屠戮俄罗斯和罗马尼亚，而此前他们曾屠杀了数以万计的身为我们同胞的平民和士兵，这两个完全堕落和不负责任的王朝沆瀣一气，在这场战争中对整个人类犯下了数不清且无可名状的滔天大罪。我们不愿隶属于一个根本没有理由存在的帝国，这个帝国拒绝接受现代世界组织最基本的原则，仍抱守一种人为的和不道德的政治架构，竭力阻止任何朝向民主和社会进步的举措。哈布斯堡王朝积弊难
228 返、罪恶深重，业已构成世界和平的极大威胁。因此，帮助打倒并毁灭哈布斯堡王朝，在我们看来已经上升为一种对人类和人类文明的责任和义务。

有人声言哈布斯堡和霍亨索伦王室的权力来自神灵，这种说法本身就是亵渎神灵，我们拒不接受，也不接受王权神授的观念。我们当初自愿推选哈布斯堡王室成员担任波西米亚国王，也自然有权废黜国王。我们特此声明：哈布斯堡王朝已不配领导我国，对他们所谓有权在捷克斯洛伐克土地上实施

统治的所有说法一概不予承认。我们在此宣布：捷克斯洛伐克从此成为一个自由和独立的民族国家。

我们接受并坚持现代民主的理想，其实数世纪以来这一直就是我们这个民族国家的理想。我们接受威尔逊总统提出的美国原则，即人类解放原则：民族国家在事实上的平等，政府的正当权力来自被统治者的同意。我们这个夸美纽斯的国度非常赞同美国《独立宣言》中阐述的这些原则以及林肯总统的原则和法国《人权宣言》的原则。五百年前，在令人难忘的胡斯战争中，我们这个民族曾为这些原则而流血牺牲；而在今天，为了相同的原则，我们国家正与俄罗斯、意大利和法国一道，为之抛洒热血。

在此，我们只能简要概括一下捷克斯洛伐克国家宪法的总则，至于宪 229
法本身还要等到解放了的捷克斯洛伐克人民团结一致选出的代表做最终的决定。

捷克斯洛伐克国将采纳共和体制。伴随不断的改进，这个国家将确保完全的信仰自由，人们有充分的权利去选择自己的宗教，从事科学、文学和艺术事业，有完全的出版和言论、集会和请愿自由。国家将实行政教分离；国家的民主制度基于普选权，妇女与男子在政治、社会和文化上完全平等。少数民族的权利按比例代表制加以保障，与其他民族享有平等的权利。政府采取议会制，接受创制权和复决权原则。民兵将取代常备军。

捷克斯洛伐克国将实行影响深远的社会和经济改革；大庄园地产将由国家有偿赎回，以供国内垦殖，贵族任命状将被取消。我国将承担奥匈帝国战前的部分债务；但此次战争的债务须由那些挑起战争者承担。

外交政策方面，捷克斯洛伐克国愿意接受在东欧重组过程中自身应承担
的全部责任。完全接受民主及民族自决原则，赞同签订公开和约、杜绝秘密 230
外交的原则。

我国的宪法将保障建立一个有效、合理和公正的政府，摒弃一切的特权并禁止阶级立法。

民主已经战胜了神权专制。军国主义业已完结，民主取得了最终的胜

利。人类将在民主的基础上实现重组。黑暗的势力最终屈服于光明的获胜，人们渴望已久的人性最终迎来了新的黎明。

我们相信民主，相信自由。愿自由永在。

1918 年 10 月 18 日，巴黎

总理兼财政部长，托马斯·G. 马萨里克教授

国防部长，米兰·R. 斯特凡尼克博士

外交兼内政部长，爱德华·贝奈斯博士

文献出处：George J. Kovtun, *The Czechoslovak Declaration of Independence: A History of the Document* (Washington, D.C., 1985), 53–55.

《越南民主共和国独立宣言》 231

（1945 年 9 月 2 日）

人生而平等，造物主赋予了他们若干不可剥夺的权利，其中包括生命权、自由权和追求幸福的权利。

这一不朽的声明出自 1776 年的美国《独立宣言》。从更广泛的意义上说，这一声明的内涵是：地球上所有的人从出生那一刻便是平等的；他们有权利生存，有权利获得幸福，有权利享受自由。

1791 年法国大革命出台的《人权宣言》称：“人生而自由并享有平等的权利，且这种自由和平等的权利是永恒的。”

以上乃无可辩驳的真理。

不过尽管如此，八十多年以来，法国的帝国主义分子却不顾自由、平等、博爱的标准，侵犯我们的祖国，压迫我们的同胞。他们的作为与人道和正义的理想背道而驰。

在政治方面，他们剥夺了我们人民的任何一项自由民主权利。

他们施行非人道的法律；他们在越南的北部、中部和南部分别建立了三 232
个互不相属的政体，目的就是要破坏我们的民族团结，让我们的人民无法团结在一起。

他们在这里建造的监狱比学校还要多。他们毫无怜惜地屠杀我们的爱国同胞；他们镇压起义者，以致血流成河。

他们禁锢公众舆论；他们对我们的人民实施蒙昧主义的愚民政策。

为弱化我们的民族力，他们强迫我们吸食鸦片和酗酒。

在经济方面，他们对我们实行敲骨吸髓式的欺诈和盘剥，致使国民贫弱不堪、土地荒芜。

他们抢夺了我们的稻田、矿山、森林和原材料。他们垄断货币发行权和出口贸易。

他们发明了数不清的不合理的税种，致使我们的国民，尤其是农民，陷入极端的贫困。

他们竭力阻挠我们民族资产阶级的繁荣发展；他们极端残酷地剥削我们的工人。

1940 年秋，日本法西斯主义者公然对抗盟国，违反中南半岛中立原则，试图建立新的基地，法国的帝国主义分子卑躬屈膝，将我国拱手让与日本。

233 因此，从那时起，我国人民处于法国和日本的双重压迫之下。结果，从去年末至今年初，从广治省到越北，我们有两百多万同胞死于饥饿。3 月 9 日，法国军队被日本人解除武装，法国殖民者要么逃跑，要么投降，说明他们一方面无力“保护”我们，而另一方面，在短短的五年时间里，他们竟拱手把我国出卖了两次。

3 月 9 日前，越南独立同盟会曾数次敦促法国人与其联合对抗日本，法国殖民者非但拒绝合作，还加进了针对越南独立同盟会的恐怖活动，逃跑前在安沛地区和高平省屠杀了大量政治犯。

尽管如此，我们的同胞始终对法国人表现出宽容和人道的态度。即便在 1945 年 3 月日本政变之后，越南独立同盟会还帮助过许多法国人穿越边境，从日本人的监狱中解救出一些法国人，并设法保护法国人的生命和财产。

自 1940 年秋，我国事实上已不再是法国的殖民地，而变成了日本人的囊中之物。

234 日本投降后，我国人民奋起恢复自己的主权，并成立了越南民主共和国。

事实上，我们是从日本而不是法国手中赢得了自身的独立。

法国人逃跑了，日本人投降了，保大皇帝退位了，我国人民经过近一个世纪的斗争终于挣脱了套在自己身上的锁链，为祖国赢得了独立。与此同时，我们还推翻了长达十几个世纪的王朝统治，并取而代之，成立了如今的民主共和国。

基于上述理由，我们临时政府的成员代表全体越南人民，在此宣布：我们从此断绝与法国之间的一切殖民关系；我们取消迄今为止法国以越南的名义签署的所有国际义务，取消法国人以非法手段在我国窃取的一切特殊权利。

全体越南人民坚守一个共同的目标，决心战斗到底，也绝不让法国殖民者再度占领自己的祖国。

我们坚信，各盟国既然在德黑兰和旧金山提出民族自决和国家平等的原则，他们肯定不会拒绝越南的独立的。

我国人民曾勇敢地反抗法国人的殖民统治长达八十多年，而近年来，我 235
国人民又与各盟国一道共同抗击法西斯主义者，这样的一个民族必然应该是自由和独立的。

基于此，我们，越南民主共和国临时政府的成员们，向世界庄严宣告：越南有权利成为一个自由和独立的国家，事实上，越南已经是一个自由和独立的国家。全体越南人将发动自己的全部体力和心力，不惜牺牲自己的生命和财产，以捍卫自身的独立和自由。

文献出处：Ho Chi Minh, *Selected Works*, 4 vols. (Hanoi, 1960–1962), Ⅲ, 17–21.

237 # 《以色列建国独立宣言》

（1948 年 5 月 14 日）

在以色列这片土地上，诞生了犹太民族。这片土地塑造了他们的精神、宗教和政治认同。在这里，他们创建了最早的犹太国家，创造出了对民族和世界都有深远影响的文化价值观，并向世界奉献了永恒的《圣经》。

后来由于受到武力的驱赶，犹太民族曾被迫长期流亡；然而，无论散居何处，他们对自己的土地始终抱有信念，始终坚定不移地为之祷告，希望有朝一日能够回到这片土地，在这里恢复他们的政治自由。

正是因为这种历史和传统的依恋，一代又一代的犹太人从未间断自己的努力，希望重建这片古老的家园。近几十年，他们大批来到这里。老一辈的拓荒者、勇敢突破封锁新近到来的移民以及这里的守卫者，是他们让荒野变成了绿洲，复兴了希伯来语，建起了城市乡村，组建了一个欣欣向荣的社会，使以色列人掌控了自己的经济和文化；他们热爱和平，但同时也懂得如何捍卫和平；他们把福祉和繁荣带给了这片土地上的所有居民，一直渴望着有一个属于自己的独立的国家。

238 犹太历 5657 年（公元 1897 年），第一届犹太复国主义大会在西奥多·赫茨尔的呼吁下召开，宣布犹太民族有权在自己的土地上复兴自己的国家。

1917 年 11 月 2 日发表的《贝尔福宣言》承认了这一权利，国际联盟的托管条令再次确认了这一权利，条令特别肯定了犹太民族与以色列这片土地之间的历史关联和犹太民族重建自己国家的权利。

最近在欧洲，有数百万犹太人惨遭屠杀，这一深重灾难再一次无可辩驳地证明，要解决犹太人无家可归的问题，当务之急是在以色列的土地上重建犹太国家，它将向所有希望返回家园的犹太人敞开大门，并赋予犹太民族以完全的国家地位，成为国际社会的一员并因此得到各国的礼遇。

欧洲大屠杀的幸存者们，以及来自世界其他地区的犹太人，他们克服重重困难、阻碍和危险，源源不断地奔向以色列的土地。他们这样做的理由是：自己有权利生活在自己民族的故土上，生活在一种有尊严、有自由和诚实的劳作之中。

第二次世界大战期间，生活在以色列这片土地上的犹太人全力投身热爱
自由和平的国家反对纳粹邪恶势力的战斗，正是他们的流血牺牲和勇敢作战 239
为犹太民族赢得了联合国创建国中的一个席位。

1947 年 11 月 29 日，联合国大会通过决议，支持在以色列的土地上建立犹太国家，并要求当地居民自己采取一切必要措施以执行这一决议。联合国对犹太民族建立自己国家的权利所给予的认可是不能撤销的。

犹太民族应该和其他民族一样，享有在自己的主权国家中主宰自己民族命运的天赋权利。

所以，我们民族委员会的全体成员，代表以色列土地上的犹太民族，代表犹太复国运动，在英国对巴勒斯坦的托管结束之日召开会议，决定根据我们天赋的和历史的权利，根据联合国大会的决议，宣布在以色列的土地上建立一个犹太国家，那就是以色列国。

我们决定，从托管结束之时开始，从犹太历 5708 年的依雅尔月 6 日，
即公元 1948 年 5 月 15 日，安息日的午夜开始，直到根据 1948 年 10 月 1 日 240
之前选民大会所通过的宪法组成新的国家权力机构之前，民族委员会将代行临时议会之职，它的执行委员会，民族管理机构，将组成犹太国的临时政府，国家的名字是以色列。

以色列国将向所有犹太移民开放，愿意成为所有流亡者的汇集地。它将致力于为全体居民的利益而发展这片土地。

它将如以色列历史上的先知所预见的那样，以自由、正义、和平作为自

己的基础。它不会因信仰、种族和性别而对公民加以区分，将在全体公民中实现彻底的社会和政治权利的平等。它将保证宗教和信仰自由以及语言、教育和文化的自由。它将保卫所有宗教的圣地。它将忠实于联合国宪章所规定的各项原则。

以色列国将乐意与联合国各机构代表合作，以执行 1947 年 11 月 29 日的联合国大会决议，愿意为在整个以色列的土地上建立经济联盟而努力。

我们呼吁联合国支持以色列人民的建国事业，承认以色列是国际大家庭的一员。

在过去数月我们遭到无数武装攻击之时，我们仍然呼吁所有居住在以色
241 列的阿拉伯民族的人民，在拥有平等和充分的公民权利，在各种临时和永久的权力机构中享有应有的代表权利的基础上，一起维护和平，为建设国家发挥他们的作用。

我们愿意向所有周边国家、向他们的人民伸出和平友爱之手，我们呼吁他们与在自己土地上建立的独立的犹太国家相互合作。以色列愿意为了中东地区的发展贡献自己的力量。

我们呼吁世界各地的犹太人民移民加入我们，共同参与国家的建设，与我们一起为完成我们一直渴望的以色列的救赎这一伟大事业而共同努力。

在临时议会的此次大会上，在故乡的土壤上，在特拉维夫，在犹太历 5708 年依雅尔月 5 日，即公元 1948 年 5 月 14 日，安息日之夜，我们怀着对以色列的信心，见证了独立宣言的通过。

文献出处：*Independence Documents of the World,* ed. Albert P. Blaustein, Jay Sigler, and Benjamin R. Beede, 2 vols. (New York, 1977), Ⅰ, 371.

南罗得西亚《单方面独立宣言》 243

（1965 年 11 月 11 日）

历史表明，在有关人类事务的发展过程中，有时一个民族必须解除其与另一个民族之间的政治依附关系并在世界各国之间获取其理所当然的独立和平等地位。

此时，出于对人类公意的尊重，就有必要向世界各国宣布他们不得不做出这种选择的原因，勇于承担由自治带来的全部责任。

因此，罗得西亚政府发布宣言如下：

自 1923 年以来，罗得西亚政府业已承担起自治的权利，并对罗得西亚的进步、发展和人民的福祉负责，这已是不争的和广为人接受的历史事实。

在两次世界大战中，罗得西亚人民对英国王室及英伦亲友表现出了应有的忠诚，他们随时准备着为热爱自由的民族彼此共同的利益流血牺牲和给予切实的物质援助；而今，他们却发现，他们倍加珍惜的一切即将在权宜之计 244
的岩石上被击得粉碎。

罗得西亚人民曾目睹了上述箴言在这样一个原始国度的文明重建中被践踏的整个过程，他们曾目睹了西方人倡导的民主、负责任的政府和道德至上原则在世界的其他地区分崩离析，但他们却依然坚守这些原则。

罗得西亚人民全力支持政府争得主权和独立，但却目睹了英国政府对这一请求始终如一的拒绝。

英国政府因此表明了态度，它不准备接受罗得西亚人民提出的主权和独立要求，而妄图一如既往地在罗得西亚行使其无理的管辖权，阻碍法律，阻碍我们与其他国家签订条约、与其他国家展开外交，拒绝批准于公众利益所必需的法律。所有这一切对罗得西亚未来和平、繁荣发展和良好的政府管理都是非常有害的。

有相当长的一段时间，罗得西亚政府都在耐心地、真诚地与英国政府协商谈判，试图消除后者对罗得西亚施加的尚存的各种限制，并为罗得西亚赢得主权和独立。

245 我们相信，拖拉和延迟对国家生活的危害是致命的，所以，罗得西亚政府主张，罗得西亚必须毫不迟疑地获取主权和独立，因为这一做法的正义性是毋庸置疑的。

因此，我们罗得西亚政府谦恭地顺从掌控万国命运的全能的上帝，本着罗得西亚人民对女王陛下矢志不渝的忠诚和奉献，真诚地祈祷：我们和罗得西亚人民将继续行使我们表达同样的忠诚和奉献的毫无疑义的权利，我们将努力推进共同的利益，以确保所有人的尊严和自由，愿我们的这个决心不受阻碍。凭此公告，我们批准、制定并给予罗得西亚人民一部宪法，详见附件。

上帝拯救女王。

公元 1965 年 11 月 11 日于索尔兹伯里手签

文献出处：*Independence Documents of the World,* ed. Albert P. Blaustein, Jay Sigler, and Benjamin R. Beede, 2 vols. (New York, 1977), Ⅱ, 587.

注 释 249

导 论

1 Jefferson to Roger C. Weightman, June 24, 1826, in *The Writings of Thomas Jefferson,* eds. Andrew A. Lipscomb and Albert Ellery Bergh, 20 vols. (Washington, D. C., 1903–04), XVI, 181–182.

2 J. Jefferson Looney, "Thomas Jefferson's Last Letter," *Virginia Magazine of History and Biography,* 112 (2004), 178–184. 有关杰斐逊对红酒的兴致，可参阅 James M. Gabler, *Passions: The Wines and Travels of Thomas Jefferson* (Baltimore, 1995)。

3 Pauline Maier, *American Scripture: Making the Declaration of Independence* (New York, 1997), 154–208.

4 对其他作品进行比较研究的著作还是有的，比如 Isabel Hofmeyr, *The Portable Bunyan: A Transnational History of The Pilgrims Progress* (Princeton, 2004); Esteban Buch, *Beethoven's Ninth: A Political History* (Chicago, 2003) 和 Franco Moretti, *Atlas of the European Novel, 1800–1900* (London, 1998)。

5 *Las Actas de Independencia de América,* ed. Javier Malagón (Washington, D. C., 1955).

6 *Independence Documents of the World,* eds. Albert P. Blaustein, Jay Sigler, and Benjamin R. Beede, 2 vols. (New York, 1977).

7 不过也有一篇简明扼要、颇富洞见的论文，即 Charles C. Griffin, "América y sus Actas de Independencia," in *Las Actas de Independencia de América,* ed. Malagón, xvii–xx。

8 最有名的著述包括 Herbert Friedenwald, *The Declaration of Independence, An Interpretation and an Analysis* (New York, 1904); John Hazelton, *The Declaration of Independence: Its History* (New York, 1906); Carl L. Becker, *The Declaration of Independence: A Study in the History of Political Ideas,* rev. edn. (New York, 1942); Julian P. Boyd, *The Declaration of Independence: The Evolution* 250
of the Text, ed. Gerard W. Gawalt (Washington, D. C., 1999); Morton White, *The Philosophy of the American Revolution* (New York, 1978); Garry Wills, *Inventing America: Jefferson's Declaration of Independence* (New York, 1978); Jay Fliegelman, *Declaring Independence: Jefferson, Natural Language, and the Culture of Performance* (Stanford, 1993); Maier, *American Scripture; Allen Jayne, Jefferson's Declaration of Independence: Origins, Philosophy and Theology* (Lexington, KY, 1998)。

9 比如可参阅 Charles D. Desbler, "How The Declaration Was Received in the Old Thirteen," *Harper's New Monthly Magazine,* 85 (July 1892), 165–187; Philip F. Detweiler, "The Changing Reputation of the Declaration of Independence: The First Fifty Years," *William and Mary Quarterly,* 3rd ser., 19

(1962), 557–574; *We, the Other People: Alternative Declarations of Independence by Labor Groups, Farmers, Woman's Rights Advocates, Socialists, and Blacks, 1829–1975,* ed. Philip S. Foner (Urbana, 1976); Merrill D. Peterson, *"This Grand Pertinacity": Abraham Lincoln and the Declaration of Independence* (Fort Wayne, 1991); Maier, *American Scripture,* 170–215; 以及 Scott Douglas Gerber, ed., *The Declaration of Independence: Origins and Impact* (Washington, D. C., 2002) 中的多篇论文。

10 Richard B. Morris, *The Emerging Nations and the American Revolution* (New York, 1970) 和 "Interpreting the Declaration of Independence by Translation: A Round Table," *Journal of American History,* 85 (1999), 1280–1460 中有不少有用的素材，是朝这个方向所做出的努力；有关研究发现的总结，可参阅 Morris, "The Declaration was Proclaimed but Few in Europe Listened at First," *Smithsonian,* 6, 4 (July 1975), 30 –36; David Thelen, "Reception of the Declaration of Independence," in Gerber, ed., *The Declaration of Independence: Origins and Impact,* 191–212。

11 近年来兴起的大西洋史对此类互动有所探讨，尤其是 1492 年至 1825 年间发生的互动，参阅 Bernard Bailyn, *Atlantic History: Concept and Contours* (Cambridge, MA, 2005)。

12 Eric Foner, "American Freedom in a Global Age," *American Historical Review,* 106 (2001), 1–16;
251 Thomas Bender, ed., *Rethinking American History in a Global Age* (Berkeley, 2002); Bender, *A Nation Among Nations: America's Place in World History* (New York, 2006).

13 C. A. Bayly, *The Birth of the Modern World, 1780–1914* (Oxford, 2004), 1.

14 A. G. Hopkins, ed., *Globalization in World History* (London, 2002); David Armitage, "Is There a Pre-History of Globalization?," in Deborah Cohen and Maura O'Connor, eds., *Comparison and History: Europe in Cross-National Perspective* (London, 2004), 165–176; Sugata Bose, *A Hundred Horizons: The Indian Ocean in an Age of Global Empire* (Cambridge, MA, 2006).

15 H. V. Bowen, "British Conceptions of Global Empire, 1756–1783," *Journal of Imperial and Commonwealth History,* 26 (1998), 1–27.

16 Burke to William Robertson, June 9, 1777, in *The Correspondence of Edmund Burke,* 10 vols., ed. T. W. Copeland, et al. (Cambridge, 1958–1978), Ⅲ, 350–351.

17 Adam Smith, *An Inquiry into the Nature and Causes of the Wealth of Nations* (1776), ed. R. H. Campbell and A. S. Skinner, 2 vols. (Oxford, 1976), Ⅱ, 947.

18 Robertson to [Sir Robert Murray Keith?] , March 8, 1784, British Library Add. MS 35350, fol. 70v.

19 Richard B. Sheridan, "The British Credit Crisis of 1772 and the American Colonies," *Journal of Economic History,* 20 (1960), 161–186; Emma Rothschild, "Globalization and the Return of History," *Foreign Policy,* 115 (Summer 1999), 106–116; Rothschild, "The Last Empire: Security and Globalization in Historical Perspective," *Jerome E. Levy Occasional Paper,* 5 (Annapolis, 2002); Marc Aronson, *The Real Revolution: The Global Story of American Independence* (New York, 2005); Bender, *A Nation Among Nations,* 77–78.

20 Jeremy Bentham, *An Introduction to the Principles of Morals and Legislation* (1780/89), ed. J. H. Burns and H. L. A. Hart, introd. F. Rosen (Oxford, 1996), 6, 296; Hidemi Suganami, "A Note on the Origin of the Word 'International'," *British Journal of International Studies,* 4 (1978), 226–232.

252 21 "Dunlap, John (1747–1812)," in John A. Garraty and Mark C. Carnes, gen. eds., *American National Biography,* 24 vols. (New York, 1999), Ⅶ, 87–89.

22 Frederick R. Goff, *The John Dunlap Broadside: The First Printing of the Declaration of Independence* (Washington, D. C., 1976), 9–10 (17 份中有 12 份是荷兰纸印刷的), 11, 14; John Bidwell, "Printers'

Supplies and Capitalization," in Hugh Amory and David D. Hall, ed., *A History of the Book in America, I: The Colonial Book in the Atlantic World* (Cambridge, 2000), 168–171。

23 "Syng, Philip, Jr. (1703–1789)," in Garraty and Carnes, ed., *American National Biography,* XXI, 232–233; Richard Lyman Bushman, "The Complexity of Silver," in Jeannine Falino and Gerald W. R. Ward, ed., *New England Silver and Silversmithing, 1620–1815, Publications of the Colonial Society of Massachusetts,* 70 (Boston, 2001), 11–13. 有关《独立宣言》签字者的个人信息，可参阅 *Dictionary of American Biography,* 22 vols. (New York, 1928–1958) 以及 Garraty and Carnes, ed., *American National Biography*。

24 Becker, *The Declaration of Independence,* viii.

25 参阅 Mikhail Bakhtin, "The Problem of Speech Genres" (1952–1953), in Bakhtin, *Speech Genres and Other Late Essays,* trans. Vern W. McGee, ed. Caryl Emerson and Michael Holquist (Austin, TX, 1986), 60–102 以及 Alastair Fowler, *Forms of Literature: An Introduction to the Theory of Genres and Modes* (Cambridge, MA, 1982)。

26 Keith Michael Baker, "The Idea of a Declaration of Rights," in Dale Van Kley, ed., *The French Idea of Freedom: The Old Regime and the Declaration of Rights of 1789* (Stanford, 1994), 154–196; Christine Fauré, *Ce que déclarer des droits veut dire: histoires* (Paris, 1997).

27 参阅 Janet Lyon, *Manifestoes: Provocations of the Modern* (Ithaca, 1999); Jeffrey M. Encke, "Manifestos: A Social History of Proclamation" (PhD thesis, Columbia University, 2002)，不过这两份文献都未曾谈到外交宣言，而这种宣言在 1848 年《共产党宣言》问世之前是最常见的一种宣言形式。

28 "L'indépendance des Anglo-Américains est l'événement le plus propre à accélérer la révolution 253
qui doit ramener le bonheur sur la terre. C'est au sein de cette République naissante que sont déposés les vrais trésors qui enrichiront le monde"：Abbé Genty, 转引自 Daniel Mornet, *Les origines intellectuelles de la Révolution Française (1715–1787),* 2nd edn. (Paris, 1934), 396–397。

29 Charles Warren, "Fourth of July Myths," *William and Mary Quarterly,* 3rd ser., 3 (1945), 247–248; Jack N. Rakove, "The Decision for American Independence: A Reconstruction," *Perspectives in American History,* 10 (1976), 250–253, 265; Jefferson to Richard Henry Lee, July 8, 1776, in *The Papers of Thomas Jefferson,* gen. ed. Julian P. Boyd, 31 vols. to date (Princeton, 1950–), I, 455.

30 *Pennsylvania Evening Post,* August 15, 1776, 转引自 Stephen E. Lucas, "Justifying America: The Declaration of Independence as a Rhetorical Document," in Thomas W. Benson, ed., *American Rhetoric: Context and Criticism* (Carbondale, 1989), 119; *I [blank] do acknowledge the UNITED STATES of AMERICA to be Free, Independent and Sovereign States ...* (n. p., n. d. [Philadelphia, 1776])。

31 Colin Warbrick, "States and Recognition in International Law," in Malcolm D. Evans, ed., *International Law* (Oxford, 2003), 220–221.

32 Charles S. Maier, *Among Empires: American Ascendancy and Its Predecessors* (Cambridge, MA, 2006) 出色地阐明了国家与帝国之间在政体形式、社会结构和经济组织方面颇有雷同但又不相一致的紧张关系。

33 Akira Iriye, *Global Community: The Role of International Organizations in the Making of the Modern World* (Berkeley, 2002); Alfred D. Chandler, Jr., and Bruce Mazlish, eds., *Leviathans: Multinational Corporations and the New Global History* (Cambridge, 2005).

34 Ernest Gellner, *Nations and Nationalism* (London, 1983), 6–7.

35 相关要点可参阅 Charles Tilly, ed., *The Formation of National States in Western Europe* (Princeton, 1975); Hedley Bull and Adam Watson, eds., *The Expansion of International Society* (Oxford, 1984); Frederick Cooper, "States, Empires, and Political Imagination," in Cooper, *Colonialism in Question: Theory, Knowledge, History* (Berkeley, 2005), 153–203。

254 36 Jefferson to Henry Lee, May 8, 1825, in *The Writings of Thomas Jefferson,* eds. Lipscomb and Bergh, XVI, 118.

37 Edmund C. Burnett, "The Name 'United States of America'," *American Historical Review,* 31 (1925), 79–81. 此前还有过一种不太正式的称谓，可参阅 Republicus, "To the People of Pennsylvania" (June 29, 1776), in *American Archives: Fourth Series ... From the King's Message to Parliament, of March 7, 1774, to the Declaration of Independence by the United States,* ed. Peter Force, 6 vols. (Washington, D. C., 1833–1846), VI, 1131。

第一章

1 Abraham Lincoln, "Speech at Springfield, Illinois" (June 26, 1857), in *The Collected Works of Abraham Lincoln,* ed. Roy P. Basler, 9 vols. (New Brunswick, NJ, 1953–1955), II, 406.

2 Wilbur Samuel Howell, "The Declaration of Independence and Eighteenth-Century Logic," *William and Mary Quarterly,* 3rd ser., 18 (1961), 463–484.

3 有关此类在美利坚人中间一度流行的假定，可参阅 Peter Onuf and Nicholas Onuf, *Federal Union, Modern World: The Law of Nations in an Age of Revolutions, 1776 –1814* (Madison, 1993); David C. Hendrickson, *Peace Pact: The Lost World of the American Founding* (Lawrence, KS, 2003), chs. 7–16。

4 Pauline Maier, *American Scripture: Making the Declaration of Independence* (New York, 1997), 51–57.

5 William Blackstone, *Commentaries on the Laws of England,* 4 vols.(London, 1765–1769), III, 293.

6 [Robert Plumer Ward,] *An Enquiry into the Manner in which the Different Wars in Europe Have Commenced, During the Last Two Centuries: To which Are Added the Authorities upon the Nature of a Modern Declaration* (London, 1805), 3.

7 Carl-August Fleischhauer, "Declaration," in Rudolf Bernhardt, gen. ed., *Encyclopedia of Public International Law,* 12 vols. to date (Amsterdam, 1982–), VII, 67.

255 8 "A Declaration by the Representatives of the United Colonies ... Seting Forth the Causes and Necessity of Their Taking up Arms" (July 6, 1775), in *A Decent Respect to the Opinions of Mankind: Congressional State Papers, 1774–1776,* ed. James H. Hutson (Washington, DC, 1976), 91–97. 有关这份宣言的更为详尽的讨论，参阅 *The Papers of Thomas Jefferson,* gen. ed. Julian P. Boyd, 31 vols. to date (Princeton, 1950–), I, 187–219。

9 "A Declaration by the Representatives of the United Colonies ... Seting Forth the Causes and Necessity of Their Taking up Arms" (July 6, 1775), "To the Inhabitants of the Colonies ..." (October 27, 1774), in *A Decent Respect to the Opinions of Mankind,* ed. Hutson, 35.

10 Jerrilyn Greene Marston, *King and Congress: The Transfer of Political Legitimacy, 1774–1776* (Princeton, 1987), 206–223.

11 Thomas Jefferson, "Notes of Proceedings in the Continental Congress" (June 7–August 1, 1776), in *The Papers of Thomas Jefferson,* ed. Boyd, I, 311.

12 John Adams to Horatio Gates, March 23, 1776, in *Letters of Delegates to Congress, 1774 –1789,* gen. ed.

Paul H. Smith, 26 vols. to date (Washington, D. C., 1976–), Ⅲ, 431 曾谈到《禁制法》(16 Geo. Ⅲ, c. 5)。

13 Richard Henry Lee, "Resolution of Independence" (June 7, 1776), in *Journals of the Continental Congress, 1774–1789,* ed. Worthington C. Ford, 5 vols. (Washington, D. C., 1904–1906), Ⅴ, 425–426.

14 Felix Gilbert, *To the Farewell Address: Ideas of Early American Foreign Policy* (Princeton 1961), 44–54. 条约部分是仿照 *A Compleat Collection of All the Articles and Clauses which Relate to the Marine, in the Several Treaties Now Subsisting Between Great Britain and Other Kingdoms and States,* eds. Henry Edmunds and William Harris (London, 1760) 中的范例制定的，此辑今藏于哈佛大学霍顿图书馆（索书号为 * EC7 Ed596 741 ed）。

15 Merrill Jensen, *The Articles of Confederation: An Interpretation of the Social-Constitutional History of the American Revolution, 1774–1781,* new edn. (Madison, 1970), 175–176, 263, 264–265, 266.

16 John Adams to James Warren, October 7, 1775, in *The Warren-Adams Letters: Being Chiefly a Correspondence among John Adams, Samuel Adams, and James Warren,* ed. Worthington C. Ford, 2 vols. (Boston, 1917–1925), Ⅰ, 127–128. 256

17 Richard Henry Lee to Patrick Henry, April 20, 1776, in *The Letters of Richard Henry Lee,* ed. James Curtis Ballagh, 2 vols. (New York, 1911–1914), Ⅰ, 178.

18 Thomas Paine, *Common Sense* (Philadelphia, 1776), 77–78.

19 North Carolina Instructions (April 12, 1776); Instructions for the Delegates of Charlotte County, Virginia (April 23, 1776); Virginia Instructions (May 15, 1776); "Meeting of the Inhabitants of the Town of Malden" (May 27, 1776); Connecticut Instructions (June 14, 1776), in *American Archives: Fourth Series ... From the King's Message to Parliament, of March 7, 1774, to the Declaration of Independence by the United States,* ed. Peter Force, 6 vols. (Washington, DC, 1833–1846), V, 1322, 1035; Ⅵ, 461, 602, 868.

20 Quentin Skinner, "From the State of Princes to the Person of the State," in Skinner, *Visions of Politics,* Ⅱ: *Renaissance Virtues* (Cambridge, 2002), 368–413; Skinner, *Liberty Before Liberalism* (Cambridge, 1998); J. R. Pole, "The Politics of the Word 'State' and Its Relation to American Sovereignty," *Parliaments, Estates and Representation,* 8 (1998), 1–10.

21 David Ramsay, *An Oration on the Advantages of American Independence* (Charleston, SC, 1778), 12.

22 Frederick G. Whelan, "Vattel's Doctrine of the State," *History of Political Thought,* 9 (1988), 59–90.

23 Emer de Vattel, *Le Droit des gens, ou principes de la loi naturelle* (Neuchâtel, 1758); Charles G. Fenwick, "The Authority of Vattel," *American Political Science Review,* 7 (1913), 370–424; ibid., 8 (1914), 375–392; F. S. Ruddy, *International Law in the Enlightenment: The Background of Emmerich de Vattel's Le Droit des Gens* (Dobbs Ferry, 1975); Emmanuelle Jouannet, *Emer de Vattel et l'émergence doctrinale du droit international classique* (Paris, 1998).

24 Emer de Vattel, *Le Droit des gens, ou principes de la loi naturelle,* ed. C. G. F. Dumas, 2 vols. (Amsterdam, 1775), Ⅰ, 12, 2, 6, 7, 8（作者的译文）. 瓦特尔并未在概念上或正式区分"民族或主权国家（les Nations, ou les Etats souverains）": *Le Droit des gens,* Ⅰ, 2。 257

25 Emer de Vattel, *The Law of Nations, or, Principles of the Law of Nature, Applied to the Conduct and Affairs of Nations and Sovereigns* (London, 1760), xi.

26 Ian Brownlie, *Principles of Public International Law,* 4th edn. (Oxford, 1990), 73–74.

27 William Bradford to James Madison, October 17, 1774, in *The Papers of James Madison,* gen eds.

William T. Hutchinson and William M. E. Rachal, 17 vols. (Chicago, 1962–1991), Ⅰ, 126. "博拉马奎"系瑞士自然法理论家让·雅克·博拉马奎（Jean Jacques Burlamaqui），有关情况可参阅 Morton White, *The Philosophy of the American Revolution* (New York, 1978)。

28 Franklin to Dumas, December 9, 1775, in *The Papers of Benjamin Franklin,* gen. eds. Leonard W. Labaree, et al., 37 vols. to date (New Haven, 1959–), XXII, 287. 费城图书公司（Library Company of Philadelphia），索书号为 Rare E Vatt 303. Q；哈佛大学霍顿图书馆，索书号为 * AC7 F8545 Zz775v。

29 A. A. M. Duncan, *The Nation of Scots and the Declaration of Arbroath (1320)* (London, 1970), 34–37; J. R. Philip, "Sallust and the Declaration of Arbroath," *Scottish Historical Review,* 26 (1947), 75–78.

30 [Burns Federation,] *Declaration of Independence 1320* (n.p., n.d.); [Scots Secretariat,] *Scotland's Scrap of Paper: Full Text of Treaty of Union of 1707, with Notes, Declaration of Independence, Radical Rising 1820, Policy of Scottish Nationalism* (Penicuik, 1975); Edward J. Cowan, *"For Freedom Alone": The Declaration of Arbroath, 1320* (East Linton, 2003), 5, 114; United States, 105th Congress, 2nd Session, Senate Resolution 155 (March 19, 1998).

31 "Edict of the States General of the United Netherlands by which they Declare that the King of Spain has Forfeited the Sovereignty and Government of the Afore-said Netherlands" (July 26, 1581),
258 in *Texts Concerning the Revolt of the Netherlands,* eds. E. H. Kossmann and A. F. Mellink (Cambridge, 1974), 224.

32 "Het is de parodie van het stuk, dat onze voorzaeten deeden uitgeeven tegens koning Philips de tweede": William Ⅴ, prince of Orange, to Hendrik Fagel, August 20, 1776, in *Archives ou correspondance inédite de la maison d'Orange-Nassau,* ed. F. J. L. Krämer, 5th ser., 3 vols. (Leiden, 1910–1915), Ⅰ, 449，转引自 J. M. Schulte Nordholt, *The Dutch Republic and American Independence,* trans. Herbert H. Rowen (Chapel Hill, 1982), 221。

33 J. P. A. Coopmans, "Het Plakkaat van Verlatinge (1581) en de Declaration of Independence (1776)," *Bijdragen en Mededelingen betreffende de Geschiedenis der Nederlanden,* 98 (1983), 540 –567; Stephen E. Lucas, "The 'Plakkaat van Verlatinge': A Neglected Model for the American Declaration of Independence," in Rosemarijn Hoefte, Johanna C. Kardux and Hans Bak, eds., *Connecting Cultures: The Netherlands in Five Centuries of Transatlantic Exchange* (Amsterdam, 1994), 187–207.

34 William E. Griffis, *The Influence of the Netherlands in the Making of the English Commonwealth and the American Republic* (Boston, 1891), 17, 30, 33; "The Dutch Declaration of Independence," *Old South Leaflets,* 72 (Boston, 1896); Wijnand W. Mijnhardt, "The Declaration of Independence and the Dutch Legacy"（该文系作者 2003 年 8 月在加州大学洛杉矶分校召开的 18 世纪研究国际协会第 11 届大会上的发言稿）。

35 可参阅 Jack N. Rakove, "The Decision for Independence: A Reconstruction," *Perspectives in American History,* 10 (1976), 217–275。

36 Jefferson, "Notes of Proceedings in the Continental Congress," in *The Papers of Thomas Jefferson,* ed. Boyd, Ⅰ, 310; James H. Hutson, "The Partition Treaty and the Declaration of American Independence," *Journal of American History,* 58 (1971–1972), 875–896.

37 John Dickinson, "Notes for a Speech in Congress" (July 1, 1776), in *Letters of Delegates to Congress, 1774–1789,* ed. Smith, Ⅳ, 355.

38 Benjamin Rush to Charles Lee, July 23, 1776, in *Letters of Delegates to Congress, 1774–1789,* ed.

Smith, Ⅳ, 528.

39 Thadd E. Hall, *France and the Eighteenth-Century Corsican Question* (New York, 1971); George P. 259
Anderson, "Pascal Paoli, An Inspiration to the Sons of Liberty," *Publications of the Colonial Society of Massachusetts,* 26 (1924–1926), 180–210.

40 Piotr S. Wandycz, "The American Revolution and the Partitions of Poland," in Jaroslaw Pelenski, ed., *The American and European Revolutions, 1776 –1848: Sociopolitical and Ideological Aspects* (Iowa City, 1980), 95–110.

41 [Daniel Leonard,] *Massachusettensis* (n.p., n.d. [Boston, 1775]), 63; Richard Henry Lee to Patrick Henry, April 20, 1776, in *Letters of Richard Henry Lee,* ed. Ballagh, Ⅰ, 176.

42 Thomas Paine, *The American Crisis,* Ⅲ (April 19, 1777), in Paine, *Collected Writings,* ed. Eric Foner (New York, 1995), 123–124.

43 Jefferson, "Notes of Proceedings in the Continental Congress," in *The Papers of Thomas Jefferson,* ed. Boyd, Ⅰ, 312.

44 G. C. Gibbs, "The Dutch Revolt and the American Revolution," in Robert Oresko, G. C. Gibbs and H. M. Scott, eds., *Royal and Republican Sovereignty in Early Modern Europe: Essays in Honour of Ragnhild Hatton* (Cambridge, 1997), 609–637. 有关当代的类似记述，可参阅虚构的对话体作品 *Entretiens de Guillaume de Nassau, Prince d'Orange, et du général Montgommery sur la révolution ancienne des Pays-Bas, & les affaires actuelles d'Amérique* (London, 1776)。

45 Abigail Adams to John Adams, April 23, 1781, in *Adams Family Correspondence*, ed. L. H. Butterfield, et al., 4 vols. (Cambridge, MA, 1963–1973), Ⅳ, 104.

46 [John Adams,] *A Collection of State-Papers, Relative to the Acknowledgement of the Sovereignity [sic] of the United States of America* (The Hague, 1782), 8.

47 Anglo-Spanish Treaty of 1667, in *A Compleat Collection of All the Articles and Clauses which Relate to the Marine,* eds. Edmunds and Harris, 52.

48 Jefferson, "Notes of Proceedings in the Continental Congress," in *The Papers of Thomas Jefferson,* ed. Boyd, Ⅰ, 312–313.

49 Dickinson, "Notes for a Speech in Congress," in *Letters of Delegates to Congress, 1774–1789,* ed. 260
Smith, Ⅳ, 353, 354; Milton E. Flower, *John Dickinson, Conservative Revolutionary* (Charlottesville, 1983), 161–166.

50 Maier, *American Scripture,* 45.

51 Adams to Abigail Adams, July 3, 1776, in *Adams Family Correspondence,* ed. Butterfield, Ⅱ, 29–33.

52 有关起草及编订情况的最好记述，可参阅 Maier, *American Scripture,* 97–153; 同时参阅 *The Papers of Thomas Jefferson,* ed. Boyd, Ⅰ, 413–433; Boyd, *The Declaration of Independence*。

53 Jefferson, First and Third Drafts of the Virginia Constitution (before June 13, 1776), Virginia Constitution (June 19, 1776), in *The Papers of Thomas Jefferson,* ed. Boyd, Ⅰ, 337–340, 356–357, 377–379.

54 "To the Inhabitants of the Colonies" (October 21, 1774), in *A Decent Respect to the Opinions of Mankind,* ed. Hutson, 35–46.

55 "A Letter to the Inhabitants of Quebec" (October 26, 1774), "Address to the Assembly of Jamaica" (July 25, 1775), "Address to the People of Ireland" (July 28, 1775), in *A Decent Respect to the Opinions of Mankind,* ed. Hutson, 66, 135, 111.

56 Bernard Bailyn, *The Ideological Origins of the American Revolution,* rev edn. (Cambridge, MA,

1992), 144–159; Ira D. Gruber, "The American Revolution as a Conspiracy: The British View," *William and Mary Quarterly,* 3rd ser., 26 (1969), 360–372.

57 Arthur Young, *Political Essays Concerning the Present State of the British Empire* (London, 1772), 19–20.

58 Paine, *Common Sense,* 57, 60.

59 对相关指控的讨论，可参阅 Sydney George Fisher, "The Twenty-Eight Charges Against the King in the Declaration of Independence," *Pennsylvania Magazine of History and Biography,* 31 (1907), 257–303; Garry Wills, *Inventing America: Jefferson's Declaration of Independence* (New York, 1978), 65–75; Stephen E. Lucas, "Justifying America: The Declaration of Independence as a Rhetorical Document," in Thomas W. Benson, ed., *American Rhetoric: Context and Criticism* (Carbondale, 1989), 96–110; Maier, *American Scripture,* 105–123。

60 "To the Inhabitants of the Colonies" (October 21, 1774), in *A Decent Respect to the Opinions of Mankind,* ed. Hutson, 35–46.

261 61 [Thomas Jefferson,] *A Summary View of the Rights of British America* (Williamsburg, Va., 1774), 5, 8, 11; Stephen A. Conrad, "Putting Rights Talk in Its Place: The *Summary View* Revisited," in Peter S. Onuf, ed., *Jeffersonian Legacies* (Charlottesville, 1993), 254–280.

62 笔者在此采纳迈尔的三分说（Maier, *American Scripture,* 107–123），而非韦尔斯的四分说（Wills, *Inventing America,* 65–75）。

63 Sidney Kaplan, "The 'Domestic Insurrections' of the Declaration of Independence," *Journal of Negro History,* 61 (1976), 243–255.

64 Eliga H. Gould, *The Persistence of Empire: British Political Culture in the Age of the American Revolution* (Chapel Hill, 2000), 190–192; Gould, "Zones of Law, Zones of Violence: The Legal Geography of the British Atlantic, circa 1772," *William and Mary Quarterly,* 3rd ser., 60 (2003), 471–510.

65 Jefferson, "Notes of Proceedings in the Continental Congress," in *The Papers of Thomas Jefferson,* ed. Boyd, Ⅰ, 315.

66 比较 Edwin Gittleman, "Jefferson's 'Slave Narrative': The Declaration of Independence as a Literary Text," *Early American Literature,* 8 (1974), 239–256。

67 [Jefferson,] *A Summary View of the Rights of British America,* 17 (adopting Jefferson's manuscript emendation of "African" to "British" corsairs: *The Papers of Thomas Jefferson,* ed. Boyd, Ⅰ, 130, 136n24).

68 Treaty of Amity and Commerce (February 6, 1778), Article Ⅷ, in *The Treaties of 1778 and Allied Documents,* ed. Gilbert Chinard (Baltimore, 1928), 28. 有关美利坚联合邦与巴巴里王国之间早期关系的情况，可参阅 Ray W. Irwin, *The Diplomatic Relations of the United States with the Barbary Powers, 1776–1816* (Chapel Hill, 1931); Robert J. Allison, *The Crescent Obscured: The United States and the Muslim World, 1776–1815* (New York, 1995); Frank Lambert, *The Barbary Wars: American Independence in the Atlantic World* (New York, 2005)。

69 比较 Peter S. Onuf, *Jefferson's Empire: The Language of American Nationhood* (Charlottesville, 2000), 148–151, 155–158。

70 Thomas Jefferson, *Notes on the State of Virginia* (1785), ed. William Peden (Chapel Hill, 1954), 138.

262 71 Anne Pérotin-Dumon, "The Pirate and the Emperor: Power and Law on the Seas, 1450–1850," in James Tracy, ed., *The Political Economy of Merchant Empires: State Power and World Trade,*

1350–1750 (Cambridge, 1991), 202–203, 215.

72 参阅 Istvan Hont, *Jealousy of Trade: International Competition and the Nation-State in Historical Perspective* (Cambridge, MA, 2005)。

73 *Observations on the American Revolution, Published According to a Resolution of Congress, by Their Committee* (Philadelphia, 1779), 122.

74 Ezra Stiles, *The United States Elevated to Glory and Honour,* 2nd edn. (Worcester, MA, 1785), 88–89 and note; Holden Furber, "The Beginnings of American Trade with India, 1784–1812," *New England Quarterly,* 11 (1938), 235–265.

第二章

1 Woodrow Wilson, "A Fourth of July Address" (July 4, 1914), in *The Papers of Woodrow Wilson,* gen. ed. Arthur S. Link, 69 vols. (Princeton, 1966–1994), XXX, 250.

2 James Wilson to Robert Morris, January 14, 1777，转引自 James H. Hutson, *John Adams and the Diplomacy of the American Revolution* (Lexington, KY, 1981), 153。

3 John C. Rainbolt, "Americans' Initial View of Their Revolution's Significance for Other Peoples, 1776–1778," *The Historian,* 35 (1973), 426–433.

4 J. G. A. Pocock, "Political Thought in the English-Speaking Atlantic: I, The Imperial Crisis," in Pocock, ed., *The Varieties of British Political Thought, 1500–1800* (Cambridge, 1995), 281; 比较 Pocock, "States, Republics, and Empires: The American Founding in Early Modern Perspective," in Terence Ball and J. G. A. Pocock, eds., *Conceptual Change and the Constitution* (Lawrence, KS, 1988), 55–77; Edward Dumbauld, "Independence under International Law," *American Journal of International Law,* 70 (1976), 425–431; Peter S. Onuf, "A Declaration of Independence for Diplomatic Historians," *Diplomatic History,* 22 (1998), 71–72, 82–83。

5 [John Adams,] *A Collection of State-Papers, Relative to the Acknowledgement of the Sovereignity of the United States of America* (The Hague, 1782), 4; "A Fourth of July Tribute to Jefferson" (July 4, 1789), in *The Papers of Thomas Jefferson,* gen. ed. Julian P. Boyd, 31 vols. to date (Princeton, 1950–), XV, 240; David Ramsay, *The History of the American Revolution,* 2 vols. (Philadelphia, 1789), I, 340; John Quincy Adams, *An Address, Delivered at the Request of the Committee of Arrangements for Celebrating the Anniversary of Independence, at the City of Washington on the Fourth of July 1821* (Cambridge, MA, 1821), 11; John C. Calhoun, "A Discourse on the Constitution and Government of the United States," in *Union and Liberty: The Political Philosophy of John C. Calhoun,* ed. Ross M. Lence (Indianapolis, 1992), 90. 263

6 R. R. Palmer, *The Age of the Democratic Revolution,* 2 vols. (Princeton, 1959–1964); David Armstrong, *Revolution and World Order: The Revolutionary State in International Society* (Oxford, 1993), chs. 2–3; Mlada Bukovansky, *Legitimacy and Power Politics: The American and French Revolutions in International Political Culture* (Princeton, 2002).

7 [Friedrich Gentz,] *The Origin and Principles of the American Revolution, Compared with the Origin and Principles of the French Revolution,* trans. John Quincy Adams (Philadelphia, 1800), 41, 55, 59.

8 Peter Onuf and Nicholas Onuf, *Federal Union, Modern World: The Law of Nations in an Age of Revolutions, 1776–1814* (Madison, 1993), 2.

9 G. F. von Martens, *Summary of the Law of Nations, Founded on the Treaties and Customs of the*

Modern Nations of Europe (1789), Eng. trans. William Cobbett (Philadelphia, 1795), 3–4.

10 Thomas Jefferson, "Opinions on the French Treaties" (April 28, 1793), in *Papers of Thomas Jefferson,* gen. ed. Boyd, XXV, 609.

11 *Gazeta Warszawska* (Warsaw), September 11, 1776; Irene M. Sokol, "The American Revolution and Poland: A Bibliographical Essay," *Polish Review,* 12 (1967), 8.

12 *Morning Chronicle* (London), August 14, 1776; *British Chronicle* (London), August 14–16, 1776; *St James's Chronicle* (London), *General Evening Post* (London), August 15, 1776; *The Annual*
264 *Register ... for the Year 1776* (London, 1777), 261–264; D. D., "London Newspapers of 1776 and the Declaration of Independence," *The Nation, 66* (February 17, 1898), 127–128; Solomon Lutnick, *The American Revolution and the British Press, 1775–1783* (Columbia, MO, 1967), 75–76.

13 *Caledonian Mercury* (Edinburgh), August 20, 1776; Donald W. Livingston, "Hume, English Barbarism and American Independence," in Richard B. Sher and Jeffrey R. Smitten, eds., *Scotland and America in the Age of Enlightenment* (Princeton, 1990), 133; *Freeman's Journal* (Dublin), August 24, 1776.

14 *Gazette de Leyde* (Leiden), August 30, 1776; Jeremy D. Popkin, *News and Politics in the Age of Revolution: Jean Luzac's Gazette de Leyde* (Ithaca, NY, 1989), 151; *Wienerisches Diarium* (Vienna), August 31, 1776; Paula S. Fichtner, "Viennese Perspectives on the War of Independence," in Béla K. Király and George Barany, eds., *East Central European Perceptions of Early America* (Lisse, 1977), 20.

15 *Berlingske Tidende* (Copenhagen), September 2, 1776, reproduced in Albert P. Blaustein, Jay Sigler, and Benjamin R. Breede, eds., *Independence Documents of the World,* 2 vols. (New York, 1977), I, 187; *Gazzetta Universale o Sieno Notizie Istoriche, Politiche, di Scienze, Arti, Agricoltura* (Florence) and *Notizie del Mondo* (Florence), September 14, 1776; *Ephemeriden der Menschheit* (Basel), October 1776, 96–106.

16 Harold Nicolson, *Diplomacy,* 2nd edn. (London, 1950), 124–136.

17 Jonathan R. Dull, *A Diplomatic History of the American Revolution* (New Haven, 1985), 15–22; Bingdi He, *Studies on the Population of China, 1368–1953* (Cambridge, MA, 1959), 281.

18 John Adams to the President of Congress, September 5, 1780, in *The Works of John Adams,* ed. Charles Francis Adams, 10 vols. (Boston, 1852), VII, 250.

265 19 *The Whitefoord Papers: Being the Correspondence and Other Manuscripts of Colonel Charles Whitefoord and Caleb Whitefoord, from 1739 to 1810,* ed. W. A. S. Hewins (Oxford, 1898), 187.

20 *Pennsylvanischer Staatsbote* (Philadelphia), July 9, 1776; Karl J. R. Arndt, "The First German Broadside and Newspaper Printing of the Declaration of Independence," *Pennsylvania Folklife,* 35 (1986), 98–107; Gerd-J. Bötte, "Der Erstdruck der amerikanischen Unabhängigskeiterklärung in Deutscher sprache (Philadelphia: Steiner und Cist, 1776)," in *Unabhängigskeiterklärung der Vereinigten Staaten von Amerika, 4. Juli 1776, Mitteilungen des Deutschen Historischen Museums,* 3, 9 (Berlin, 1994), 22–26.

21 Richard B. Morris, "The Declaration was Proclaimed but Few in Europe Listened at First," *Smithsonian,* 6, 4 (July 1975), 30–36.

22 Guy Johnson to Lord George Germain, August 9, 1776, The National Archives (hereafter, TNA), Kew, CO 5/177/113. 参阅 Howard H. Peckham, "Independence: The View from Britain," *Proceedings of the American Antiquarian Society,* 85(1976), 387–403。

23 Vincent Morley, *Irish Opinion and the American Revolution, 1760–1783* (Cambridge, 2002), 148–150.

24 Edmund Burke, "Speech on Army Estimates" (December 14, 1778), in *The Writings and Speeches of Edmund Burke,* Ⅲ: *Party, Parliament, and the American War, 1774–1780,* ed. Warren M. Elofson and John A. Woods (Oxford, 1996), 394.

25 *The American Journal of Ambrose Serle, Secretary to Lord Howe, 1776–1778,* ed. Edward H. Tatum, Jr. (San Marino, CA, 1940), 31.

26 "Lord Howe's Conference with the Committee of Congress" (September 11, 1776), in *The Papers of Benjamin Franklin,* gen. eds. Leonard W. Labaree, et al., 37 vols. to date (New Haven, 1959–), XXⅡ, 600.

27 TNA ADM 1/487/34 (Philadelphia: John Dunlap); CO 5/40/252 (Philadelphia: John Dunlap); CO 5/177/29 (Philadelphia: John Dunlap); CO 5/1107/375 (New York: Hugh Gaine); CO 5/1353/401 (Baltimore: John Dunlap). 其中 M. J. Walsh, "Contemporary Broadside Editions of the Declaration of Independence," *Harvard Library Bulletin,* 3 (1949), 31–43 只记载了五个版本中的一 266
个，Frederick R. Goff, *The John Dunlap Broadside: The First Printing of the Declaration of Independence* (Washington, DC, 1976), 5, 48–51 有两个版本。巴尔的摩版本的副本则仅有此一处记载。

28 Thomas Hutchinson to Earl of Hardwicke, August 10, 1776, British Library (hereafter, BL), Add. MS 35427, fol. 94r.

29 Bernard Bailyn, *The Ordeal of Thomas Hutchinson* (Cambridge, MA, 1974), 1, 356–359; [Thomas Hutchinson,] *Strictures upon the Declaration of the Congress at Philadelphia, in a Letter to a Noble Lord* (London, 1776). 其中的"Noble Lord"指哈德威克伯爵（Earl of Hardwicke）。

30 King George Ⅲ, "Speech to Both Houses of Parliament" (October 31, 1776), in *The Annual Register ... for the Year 1777* (London, 1778), 275.

31 *American Archives: Fifth Series ... From the Declaration of Independence, July 4, 1776, to the Definitive Treaty of Peace with Great Britain, September 3, 1783,* ed. Peter Force, 3 vols. (Washington, D. C., 1848–1853), Ⅱ, 189.

32 [John Lind and Jeremy Bentham,] *Answer to the Declaration of the American Congress* (London, 1776), 5.

33 [John Lind and Jeremy Bentham,] *Remarks on the Principal Acts of the Thirteenth Parliament* (London, 1775); [Lind,] *Three Letters to Dr Price, Containing Remarks on his Observations on the Nature of Civil Liberty, the Principles of Government, and the Justice and Policy of the War with America* (London, 1776); Margaret E. Avery, "Toryism in the Age of the American Revolution: John Lind and John Shebbeare," *Historical Studies* (Melbourne), 18 (1978), 24–36.

34 Peckham, "Independence: The View from Britain," 399.《对独立宣言的回应》一文仅存的副本收藏在罗得岛州普罗维登斯的约翰·卡特·布朗图书馆，索书号为 A41c. 其封面上有边沁的手迹，称："此为该文原始脚本。公开发表的版本根据内阁的要求做了部分删节。"

35 William Knox to Sir William Howe, November 6, 1776, TNA CO 5/93, fol. 290. 267

36 [Lind and Bentham,] *Answer to the Declaration of the American Congress,* 6–7, 95, 107.

37 [Hutchinson,] *Strictures upon the Declaration of the Congress at Philadelphia,* 9–10; Thomas Day, *Fragment of an Original Letter on the Slavery of the Negroes; Written in the Year 1776* (London, 1784), 33. 同时参阅 *An Appeal to Reason and Justice in Behalf of the British Constitution and the Subjects of the British Empire* (London, 1778), 76–78.

38 [Louis-Alexandre de La Rochefoucauld d'Enville,] "Lettre d'un banquier de Londres à M. —, à Anvers" (September 2, 1776), *Affaires de l'Angleterre et de l'Amérique,* 15 vols. (Antwerp, 1776 – 1779), tome Ⅰ, cahier Ⅷ, 89–92; ibid., tome Ⅰ, cahier Ⅶ, 88; translated as "The Declaration in France," in Robert Ginsberg, ed., *A Casebook on the Declaration of Independence* (New York, 1967), 18–20.

39 [Hutchinson,] *Strictures upon the Declaration of the Congress at Philadelphia,* 9–10; "An Englishman," *The Scots Magazine,* 38 (August 1776), 433–434.

40 [Joseph Peart,] *A Continuation of Hudibras in Two Cantos. Written in the Time of the Unhappy Contest between Great Britain and America, in 1777 and 1778* (London, 1778), 62–63.

41 [Jeremy Bentham,] "Short Review of the Declaration," in [Lind and Bentham,] *Answer to the Declaration of the American Congress,* 120.

42 Jeremy Bentham to John Lind, September 1776, "American Declaration. Hints B.," BL Add. MS 33551, fols. 359r–360v, printed in *The Correspondence of Jeremy Bentham,* Ⅰ: *1752–1776,* ed. Timothy L. S. Sprigge (London, 1968), 341–344; Douglas J. Long, *Bentham on Liberty: Jeremy Bentham's Idea of Liberty in Relation to his Utilitarianism* (Toronto, 1977), 51–54; H. L. A. Hart, "The United States of America," in Hart, *Essays on Bentham: Jurisprudence and Political Theory* (Oxford, 1982), 63–65.

43 Jeremy Bentham, "Hey" (1776), Bentham Papers, University College London, LXIX, 57–68,
268 replying to [Richard Hey,] *Observations, on the Nature of Civil Liberty, and the Principles of Government* (London, 1776); Long, *Bentham on Liberty,* 57–59; G. I. Molivas, "A Right, Utility and the Definition of Liberty as a Negative Idea: Richard Hey and the Benthamite Conception of Liberty," *History of European Ideas,* 25 (1999), 75–92.

44 Jeremy Bentham, *Introduction to the Principles of Morals and Legislation,* ed. Burns and Hart, 311, note; *The Works of Jeremy Bentham,* ed. John Bowring, 11 vols. (London, 1843), Ⅹ, 63.

45 Jeremy Bentham, "Nonsense upon Stilts" (1792), in Bentham, *Rights, Representation, and Reform: Nonsense upon Stilts and Other Writings on the French Revolution,* ed. Philip Schofield, Catherine Pease-Watkin, and Cyprian Blamires (Oxford, 2002), 330.

46 Jacques Derrida, "Déclarations d'Indépendance" (1976), in Derrida, *Otobiographies: L'enseignement de Nietzsche et la politique du nom propre* (Paris, 1984), 31; Derrida, "Declarations of Independence," *New Political Science,* 15 (1986), 13.

47 Jeremy Bentham, *A Fragment on Government* (1776), ed. Ross Harrison (Cambridge, 1988), 47.

48 Instructions to Benjamin Franklin, Silas Deane, and Arthur Lee (September 24–October 22, 1776), 收藏于哈佛大学霍顿图书馆，编号为 bMS 811.1 (81–83)。

49 Committee of Secret Correspondence to Silas Deane, July 8, 1776, in *Letters of Delegates to Congress, 1774–1789,* gen. ed. Paul H. Smith, 26 vols. to date (Washington, D. C., 1976–), Ⅳ, 405; Pauline Maier, *American Scripture: Making the Declaration of Independence* (New York, 1997), 130.

50 *Journal historique et politique* (Paris), September 10, 1776; *Affaires de l'Angleterre et de l'Amérique,* tome Ⅰ, cahier 7, 88–95; ibid., tome 9, 169–177; [Régnier,] *Recueil des loix constitutives des colonies angloises, confédérées sous la dénomination de l'Amérique-Septentrionale* (Paris, 1778), 3–13;
269 [Louis-Alexandre de La Rochefoucauld d'Enville,] *Constitutions des treize Etats-Unis de l'Amérique* (Paris, 1783), 419 –429; Durand Echeverria, "French Publications of the Declaration of Independence and the American Constitutions, 1776–1783," *Papers of the Bibliographical Society of*

America, 47 (1953), 317–323.

51 R. R. Palmer, "The Declaration of Independence in France," *Studies on Voltaire and the Eighteenth Century,* 154 (1976), 1569–1579; Naomi Wulf and Elise Marienstras, "Traduire, emprunter, adapter la déclaration d'in-dépendance des Etats-Unis. Transferts et malentendus dans les traductions françaises," *Dix-Huitième Siècle,* 33 (2001), 201–218.

52 Treaty of Alliance (February 6, 1778), Article Ⅱ, in *The Treaties of 1778 and Allied Documents,* ed. Gilbert Chinard (Baltimore, 1928), 52: "la liberté, la souveraineté, et l'indépendance absolue et illimité des dis Etats unis."

53 [Edward Gibbon,] "Mémoire justificatif pour servir de réponse a l'exposé des motifs de la conduite du roi de France relativement a l'Angleterre," in *The Miscellaneous Works of Edward Gibbon, Esq.,* ed. John, Lord Sheffield, 5 vols. (London, 1814), Ⅴ, 3, 27–28, 33(作者的译文)。

54 [John Wilkes,] *A Supplement to the Miscellaneous Works of Edward Gibbon, Esq.* (n.p., n.d. [London, 1796]), 4, 13.

55 有关此类问题的当代背景，可参阅 Julius Goebel, Jr., *The Recognition Policy of the United States* (New York, 1915), ch. Ⅲ, "Intervention and Recognition in the American Revolution"。

56 C. H. Alexandrowicz, "The Theory of Recognition *in Fieri," British Year Book of International Law,* 34 (1958), 176–198; James Crawford, *The Creation of States in International Law* (Oxford, 1979), 5–12; Wilhelm Grewe, *The Epochs of International Law,* rev. and trans. Michael Byers (Berlin, 2000), 343–348.

57 J. C. W. von Steck, "Versuch von Erkennung der Unabhängigkeit einer Nation, und eines Staats," in Steck, *Versuche über verschiedene Materien politischer und rechtlicher Kenntnisse* (Berlin, 1783), 270
49–56; Alexandrowicz, "Theory of Recognition *in Fieri,*" 180–184.

58 Martens, *Summary of the Law of Nations,* trans. Cobbett, 80 and note; Alexandrowicz, "Theory of Recognition *in Fieri,*" 184–187.

59 Charles de Martens, *Nouvelles causes célèbres du droit des gens,* 2 vols. (Leipzig, 1843), Ⅰ, 113–209, 370–498.

60 "Article I," *The Definitive Treaty of Peace and Friendship Between His Britannick Majesty, and the United States of America* (September 3, 1783) (London, 1783), 4.

61 *The Works and Correspondence of the Right Honourable Edmund Burke,* eds. Charles William, Earl Fitzwilliam and Sir Richard Bourke, 2nd edn., 7 vols. (London, 1852), Ⅱ, 453.

62 "Cette indépendance est reconnue, assurée; [nos politiques] semblent la voir avec indifférence": Marie-Jean Antoine-Nicolas Caritat, marquis de Condorcet, "De l'Influence de la Révolution d'Amérique sur l'Europe" (1786), in *Oeuvres de Condorcet,* eds. A. Condorcet O'Connor and M. F. Arago, 12 vols. (Paris, 1847–1849), Ⅷ, 3.

63 Charles Jenkinson, *A Collection of All the Treaties of Peace, Alliance, and Commerce between Great-Britain and Other Powers, From the Treaty Signed at Munster in 1649, to the Treaties Signed at Paris in 1783,* 3 vols. (London, 1785), Ⅰ, iii, Ⅲ, 237–241.

64 "List of the Principal Treaties ... Between the Different Powers of Europe since the Year 1748 down to the Present Time," in Martens, *Summary of the Law of Nations,* trans. Cobbett, 362; Martens, *Recueil des principaux traités d'alliance, de paix, de trève, de neutralité, de commerce,* 5 vols. (Göttingen, 1791–1807), Ⅰ, 580; Martens, *Recueil de traités de paix ... et de plusieurs autres actes servant à la connaissance des relations étrangères des puissances et états de l'Europe,* 8 vols. (Göttingen,

1817–1835), Ⅱ, 481–485 (Declaration), 486–502 (Articles of Confederation).

65 James Kent, *Commentaries on American Law,* 4 vols. (New York, 1828), Ⅰ, 2; M. W. Janis, "American Versions of the International Law of Christendom: Kent, Wheaton and the Grotian Tradition,"
271 *Netherlands International Law Review*, 39 (1992), 38–39. 有关这一时段美国国内法与国际法之间的关系，可参阅 Stewart Jay, "The Status of the Law of Nations in Early American Law," *Vanderbilt Law Review,* 42 (1989), 819–849。

66 有关这一传统的历史沿革，可参阅 Knud Haakonssen, *Natural Law and Moral Philosophy: From Grotius to the Scottish Enlightenment* (Cambridge, 1996); Haakonssen, ed., *Grotius, Pufendorf and Modern Natural Law* (Aldershot, 1999); T. J. Hochstrasser, *Natural Law Theories in the Early Enlightenment* (Cambridge, 2000)。

67 Jeremy Waldron, *"Nonsense Upon Stilts": Bentham, Burke and Marx on the Rights of Man* (London, 1987), 18; 比较 Lynn Hunt, "The Paradoxical Origins of Human Rights," in Jeffrey N. Wasserstrom, Lynn Hunt, and Marilyn B. Young, eds., *Human Rights and Revolutions* (Lanham, 2000), 3–17。

68 *The Federal and State Constitutions, Colonial Charters and Other Organic Laws of the States, Territories, and Colonies Now or Heretofore Forming the United States of America*, ed. Francis Newton Thorpe, 7 vols. (Washington, D. C., 1909), Ⅲ, 1686 (Maryland), Ⅴ, 2789 (North Carolina), Ⅴ, 3081 (Pennsylvania), Ⅱ, 778 (Georgia), Ⅵ, 3248 (South Carolina), Ⅴ, 2625–2628 (New York), Ⅲ, 1889 (Massachusetts), Ⅶ, 3813 (Virginia); Maier, *American Scripture,* 165–167.

69 *Records of the Council of Safety and Governor and Council of the State of Vermont,* ed. E. P. Walton, 8 vols. (Montpelier, VT, 1873–1880), Ⅰ, 40–44 (January 15, 1777).

70 Stephen R. Bradley, *Vermont's Appeal to the Candid and Impartial World* (Hartford, CT, 1780), 30.

71 Peter S. Onuf, "State-Making in Revolutionary America: Independent Vermont as a Case Study," *Journal of American History,* 67(1981), 801.

72 Steven R. Ratner, "Drawing a Better Line: *Uti Possidetis* and the Borders of New States," *American Journal of International Law,* 90 (1996), 590. 这一概念来自拉丁文 "uti possidetis, ita possideatis"，英译为 "As you possess, so may you possess"。

272 73 Philip F. Detweiler, "The Changing Reputation of the Declaration of Independence: The First Fifty Years," *William and Mary Quarterly,* 3rd ser., 19 (1962), 557–574; Maier, *American Scripture,* 170–189; Alfred F. Young, *The Shoemaker and the Tea Party* (Boston, 1999), 111–112, 140, 146–148; Andrew Burstein, *America's Jubilee* (New York, 2001); Irma B. Jaffe, *John Trumbull: Patriot-Artist of the American Revolution* (Boston, 1975); William R. Coleman, "Counting the Stones: A Census of the Stone Facsimiles of the Declaration of Independence," *Manuscripts,* 43 (1991), 97–105; Thomas Starr, "Separated at Birth: Text and Context of the Declaration of Independence," *Proceedings of the American Antiquarian Society,* 110 (2000), 188–194.

74 Len Travers, *Celebrating the Fourth: Independence Day and the Rites of Nationalism in the Early Republic* (Amherst, MA, 1997), 21–23, 161, 206; David Waldstreicher, *In the Midst of Perpetual Fetes: The Making of American Nationalism, 1776–1820* (Chapel Hill, 1997), 30–35, 99–102, 206–207, 219–229, 240, 311–313; Maier, *American Scripture,* 160, 191 (quoted).

75 Sándor Bölöni Farkas, *Útazás Észak Amerikában* (Kolozsvár, 1834), 90–98; Farkas, *Journey in North America,* trans. Theodore and Helen Benedek Schoenman (Philadelphia, 1977), 86; Alfred A. Reisch, "Sándor Bölöni Farkas's Reflections on American Political and Social Institutions," in Béla K. Király

and George Barany, eds., *East Central European Perceptions of Early America* (Lisse, 1977), 59–72.

76 Adams, *An Address, Delivered ... on the Fourth of July 1821,* 28.

77 *We, the Other People: Alternative Declarations of Independence by Labor Groups, Farmers, Woman's Rights Advocates, Socialists, and Blacks, 1829 –1975,* ed. Philip S. Foner (Urbana, 1976), 2 –5, 47–50.

78 "Declaration of Independence," *South African Christian Recorder,* 2, 8 (January 1837), 432, reprinted from *Sabbath School Visiter* (Boston), 4 (August 1836).

79 *Declaration of Principles, Comprised in the Address and Resolutions of the Native American Convention, Assembled at Philadelphia, July 4, 1845* (Philadelphia, 1845), partially reprinted in *The Ordeal of Assimilation: A Documentary History of the White Working Class,* ed. Stanley Feldstein 273
and Lawrence Costello (Garden City, 1974), 146–153.

80 [Elizabeth Cady Stanton,] "Declaration of Sentiments" (July 19, 1845), in *We, the Other People*, ed. Foner, 78–81.

81 Philip F. Detweiler, "Congressional Debate on Slavery and the Declaration of Independence, 1819–1821," *American Historical Review,* 63 (1958), 598–616.

82 George Fitzhugh, *Cannibals All! Or, Slaves without Masters* (1857), ed. C. Vann Woodward (Cambridge, MA, 1960), 133.

83 George Fitzhugh, "Revolutions of '76 and '61 Contrasted" (1863), *De Bow's Review,* After the War ser., 4 (1867), 37.

84 Abraham Lincoln, "Speech at Springfield, Illinois" (June 26, 1857), Lincoln to Henry L. Pierce and Others, April 6, 1859, in *The Collected Works of Abraham Lincoln,* ed. Roy P. Basler, 9 vols. (New Brunswick, NJ, 1953–1955), Ⅱ, 407, Ⅲ, 376; Merrill D. Peterson, *"This Grand Pertinacity": Abraham Lincoln and the Declaration of Independence* (Fort Wayne, 1991); Garry Wills, *Lincoln at Gettysburg: The Words that Remade America* (New York, 1992), 99–132.

85 Herbert Aptheker, *"One Continual Cry": David Walker's "Appeal to the Colored Citizens of the World" (1829–1830): Its Setting, Its Meaning* (New York, 1965), 142–143.

86 Frederick Douglass, "What to the Slave is the Fourth of July?: An Address Delivered in Rochester, New York, on 5 July 1852," in *The Frederick Douglass Papers,* ed. John W. Blassingame, 5 vols. (New Haven, 1979–1992), Ⅱ, 360, 363, 368, 371; James A. Colaiaco, *Frederick Douglass and the Fourth of July* (New York, 2006).

87 Douglass, "What to the Slave is the Fourth of July?," in *The Frederick Douglass Papers,* ed. Blassingame, Ⅱ, 382–383.

88 Douglass, "What to the Slave is the Fourth of July?," in *The Frederick Douglass Papers,* ed. Blassingame, Ⅱ, 387.

89 有关19世纪的全球化，可参阅 Kevin H. O'Rourke and Jeffrey G. Williamson, *Globalization and History: The Evolution of a Nineteenth-Century Atlantic Economy* (Cambridge, MA, 1999); Duncan S. 274
A. Bell, "Dissolving Distance: Technology, Space, and Empire in British Political Thought, 1770–1900," *Journal of Modern History,* 77 (2005), 523–562。

90 C. A. Bayly, *The Making of the Modern World, 1780–1914* (Oxford, 2004), chs. 3, 6, 7.

91 Homer L. Calkin, "The Centenary of American Independence 'Round the World," *The Historian,* 38(1975–76), 614–616.

第三章

1 C. H. Alexandrowicz, "New and Original States: The Issue of Reversion to Sovereignty," *International Affairs,* 45 (1969), 465–480.

2 有关此类时刻的记述，可参阅 Jordana Dym, "'Our Pueblos, Fractions with No Central Unity': Municipal Sovereignty in Central America, 1808–1821," *Hispanic American Historical Review,* 86 (2006), 431–466; Joshua B. Hill, "A Question of Independence: Rhetoric and Crisis in a Chinese City, 1911–1917" (AM thesis, Harvard University, 2005); Frank Hoffman, "The Muo Declaration: History in the Making (Translation and Commentary)," *Korean Studies,* 13 (1989), 22–41。

3 Giorgio Agamben, *State of Exception,* trans. Kevin Attell (Chicago, 2005).

4 Frederick Cooper, "States, Empires, and Political Imagination," in Cooper, *Colonialism in Question: Theory, Knowledge, History* (Berkeley, 2005), 190; David Strang, "Global Patterns of Decolonization, 1500–1987," *International Studies Quarterly,* 35 (1991), 429–454.

5 Victor Lieberman, *Strange Parallels: Southeast Asia in Global Context, c. 800 – 1830,* Ⅰ: *Integration on the Mainland* (Cambridge, 2003), 2.

6 Mark Greengrass, "Introduction: Conquest and Coalescence," in Greengrass, ed., *Conquest and Coalescence: The Shaping of the State in Early Modern Europe* (London, 1991), 1–2.

7 Mary Ann Glendon, *A World Made New: Eleanor Roosevelt and the Universal Declaration of Human Rights* (New York, 2001), 245n24.

8 <http://www.un.org/Overview/growth.htm>, accessed July 4, 2006.

275 9 Ernest Gellner, *Nations and Nationalism* (London, 1983), 2, 44–45, 139–140.

10 Charles Maier, "Empires or Nations? 1918, 1945, 1989...," in Carl Levy and Mark Roseman, eds., *Three Postwar Eras in Comparison: Western Europe, 1918–1945–1989* (Basingstoke, 2002), 50; Maier, *Among Empires: American Ascendancy and its Predecessors* (Cambridge, MA, 2006), chs. 1–2.

11 Edward Keene, *Beyond the Anarchical Society: Grotius, Colonialism and Order in World Politics* (Cambridge, 2002), 5–6, 97, 143–44.

12 Nicholas Greenwood Onuf, "Sovereignty: Outline of a Conceptual History," *Alternatives,* 16 (1991), 430; 比较 Thomas J. Biersteker and Cynthia Weber, eds., *State Sovereignty as Social Construct* (Cambridge, 1996)。

13 "... les droits des hommes furent hautement soutenus et développés sans restriction, sans réserve, dans des écrits qui circulaient avec liberté des bords de la Néva à ceux du Guadalquivir" : Marie-Jean Antoine-Nicolas Caritat, marquis de Condorcet, "Esquisse d'un Tableau historique des progrès de l'esprit humain" (1795), in *Oeuvres de Condorcet,* eds. A. Condorcet O'Connor and M. F. Arago, 12 vols. (Paris, 1847–1849), Ⅵ , 199.

14 P. M. Kitromilides, "An Enlightenment Perspective on Balkan Cultural Pluralism: The Republican Vision of Rhigas Velestinlis," *History of Political Thought,* 24 (2003), 465–479; *The Movement for Greek Independence, 1770–1821: A Collection of Documents,* ed. Richard Clogg (London, 1976), 149–163.

15 "Declaration of Independence" (January 15, 1822), in John L. Comstock, *History of the Greek Revolution* (New York, 1828), 499–500.

16 C. A. Bayly, *The Making of the Modern World, 1780–1814* (Oxford, 2004), 86–87, 293–294; Bayly,

"Rammohan Roy and the Advent of Liberalism in India, 1800–1830" (forthcoming).

17 "... L'acte qui a déclaré son indépendance est une exposition simple et sublime de ces droits si sacrés et si longtemps oubliés" : Marie-Jean Antoine-Nicolas Caritat, Marquis de Condorcet, "De 276 l'Influence de la Révolution d'Amérique sur l'Europe" (1786), in *Oeuvres de Condorcet,* eds. Condorcet O'Connor and Arago, Ⅷ, 11.

18 有关这一热潮的全球幅度，可参阅 Rudolf von Albertini, "The Impact of Two World Wars on the Decline of Colonialism," *Journal of Contemporary History,* 4 (1969), 17–26; John Gallagher, "Nationalisms and the Crisis of Empire, 1919–1922," *Modern Asian Studies,* 15 (1981), 355–368; Erez Manela, *The Wilsonian Moment: Self Determination and the International Origins of Anticolonial Nationalism* (New York, forthcoming)。

19 转引自 Karen Knop, *Diversity and Self-Determination in International Law* (Cambridge, 2002), 282。

20 David Hunter Miller, *The Drafting of the Covenant,* 2 vols. (New York, 1928), Ⅰ, 183–184.

21 George J. Kovtun, *The Czechoslovak Declaration of Independence: A History of the Document* (Washington, D. C., 1985).

22 Antonio Cassese, *Self-Determination of Peoples: A Legal Reappraisal* (Cambridge, 1995), 37.

23 有关这一运动的起源，可参阅 Mark Mazower, "The Strange Triumph of Human Rights, 1933–1950," *The Historical Journal,* 47 (2004), 379–398。

24 "Texto da Proclamação de Independência" (November 11, 1975), in *Angola: Documentos de Independência* (Lisbon, 1976), 7–20; Jill Jolliffe, *East Timor: Nationalism and Colonialism* (St Lucia, Qld., 1978), 199–200, 212 (November 28, 1975).

25 有关这一时期事态发展的概述，可参阅 Roland Rich, "Recognition of States: The Collapse of Yugoslavia and the Soviet Union," *European Journal of International Law,* 4 (1993), 36–63。

26 Marc Weller, *The Crisis in Kosovo, 1989–1999* (Cambridge, 1999), 72; "Trying to Behave Like a Proper State," *The Economist* (US edition), October 1, 2005, 43–44 (on Somaliland).

27 J. F. Rohaert, *Manifeste de la Province de Flandre* (January 4, 1790) (Ghent, 1790), 3.

28 Jean-Nicholas Démeunier, *L'Amérique Indépendante, Ou les différentes Constitutions des treize* 277 *provinces ... d'États-Unis de l'Amérique,* 3 vols. (Ghent, 1790), Ⅰ, 32–37(《独立宣言》的译文)。

29 "... appellant au Juge suprême de l'Univers, qui connoît la droiture de nos intentions, Nous publions et déclarons solemnellement, au nom & et de l'autorité du bon Peuple de ces Colonies; Que ces Colonies sont & ont droit d'être des *Etats libres & indépendans:* Qu'elles sont dégagées de toute obéissance envers la Couronne de la Grande Bretagne" : Démeunier, *L'Amérique Indépendante,* Ⅰ, 37.

30 " appellant au Juge suprême de l'Univers, qui connoît la Justice de notre Cause, Nous publions & déclarons solemnellement, au nom du Peuple, que cette Province EST & a droit d'ÊTRE un *Etat libre & indépendant;* qu'elle est degagée de toute obéissance envers *l'Empereur Joseph second"*: Rohaert, *Manifeste de la Province de Flandre,* 23; Thomas K. Gorman, *America and Belgium: A Study of the Influence of the United States upon the Belgian Revolution of 1789–1790* (London, 1925), 156–157.

31 *Acte d'indépendance des États-Unis de l'Amérique, et constitutions des Républiques française, cisalpine et ligurienne, dans les quatre langues française, allemande, anglaise et italienne* (n.p., n.d. [Paris, 1798]), 2–15; R. R. Palmer, "The Declaration of Independence in France," *Studies on Voltaire and the Eighteenth Century,* 154 (1976), 1574–1579.

32 Thomas Madiou, *Histoire d'Haïti* (1847–1848), 8 vols. (Port-au-Prince, 1989–1991), Ⅲ, 145; Laurent Dubois, *Avengers of the New World: The Story of the Haitian Revolution* (Cambridge, MA,

2004), 298–299.

33 [Louis Boisrond-Tonnerre,] "Le Général en Chef au Peuple d'Haïti" (January 1, 1804), in Madiou, *Histoire d'Haïti,* Ⅲ, 146–150; Eng. trans., Marcus Rainsford, *An Historical Account of the Black Empire of Hayti: Comprehending a View of the Principal Transactions in the Revolution of Saint-Domingo; with its Ancient and Modern State* (London, 1805), 442–446.

278 34 Donald R. Hickey, "America's Response to the Slave Revolt in Haiti, 1791–1806," *Journal of the Early Republic,* 2 (1982), 361–379; Tim Matthewson, "Jefferson and the Nonrecognition of Haiti," *Proceedings of the American Philosophical Society,* 140 (1996), 22–48.

35 Jean-François Brière, "La France et la reconnaissance de l'indépendence haïtienne: le débat sur l'ordonnance de 1825," *French Colonial History,* 5 (2004), 125–138.

36 "Act of the Proclamation of the Independence of the Filipino People" (June 12, 1898), in *The Philippine Insurrection Against the United States: A Compilation of Documents,* ed. John R. M. Taylor, 5 vols. (Pasay City, 1971), Ⅲ, 102–106.

37 Arthur Preston Whitaker, *The United States and the Independence of Latin America, 1800–1830* (Baltimore, 1941); James E. Lewis, Jr., *The American Union and the Problem of Neighborhood: The United States and the Collapse of the Spanish Empire, 1783–1829* (Chapel Hill, 1998).

38 Thomas Jefferson to John Jay, May 4, 1787, in *The Papers of Thomas Jefferson,* gen. ed. Julian P. Boyd, 31 vols. to date (Princeton, 1950–), Ⅺ, 339–341; Kenneth Maxwell, *Naked Tropics: Essays on Empire and Other Rogues* (London, 2003), 109–110.

39 *Manifesto da Independencia dos Estados Unidos d'America* (Lisbon, 1821).

40 *Manifeste de la nation portugaise aux souvérains et aux peuples de l'Europe* (December 15, 1820) (Lisbon, 1821); Maxwell, *Naked Tropics,* 155–156; Francisco de Assis Cintra, *D. Pedro I e o Grito de Independencia* (São Paulo, 1921), 211–229; Eng. trans., "The Declaration of Brazilian Independence" (January 9, 1822), in *A Documentary History of Brazil,* ed. E. Bradford Burns (New York, 1956), 198–200.

41 Harry Bernstein, *Origins of Inter-American Interest, 1700–1812* (Philadelphia, 1945), 79–80.

42 Richard J. Cleveland, *A Narrative of Voyages and Commercial Enterprises,* 2 vols. (Cambridge, MA, 1842), Ⅰ, 183–184, 209–210; Miguel de Pombo, *La constitución de los Estados-Unidos de America* (Bogotá, 1811), 1–9; Manuel García de Sena, trans., *La independencia de la Costa Firme justificada por Thomas Paine treinta años há* (Philadelphia, 1811), 157–162; [Vicente Rocafuerte,]
279 *Ideas necesarias á todo pueblo americano independiente, que quiera ser libre* (Philadelphia, 1821), 3 ("el verdadero decálogo politico"), 103–111. 参阅 Mario Rodríguez, *La revolución americana de 1776 y el mundo hispánico: ensayos y documentos* (Madrid, 1976); Merle E. Simmons, *La revolución norteamericana en la independencia de Hispanoamérica* (Madrid, 1992); Bernard Bailyn, To *Begin the World Anew: The Genius and Ambiguities of the American Founders* (New York, 2003), 146–147。

43 参阅 José Luis Romero, "La independencia de Hispanoamérica y el modelo político norteamericano," *Inter-American Review of Bibliography,* 26 (1976), 429–455; Susan Deans and Edward Countryman, "Independence and Revolution in the Americas: A Project for Comparative Study," *Radical History Review,* 27 (1983), 144 –171; José Carlos Chiaramonte, "The Principle of Consent in Latin and Anglo-American Independence," *Journal of Latin American Studies,* 36 (2004), 563–586.

44 Jaime E. Rodríguez O., *The Independence of Spanish America* (Cambridge, 1998), 2.

45 P. L. Blanco Peñalver, *Historia y comentarios del Libro de Actas de la independencia de Venezuela 1811* (Caracas, 1983); Rodríguez, *The Independence of Spanish America*, 114–115.

46 "Acta de Independencia" (July 5, 1811), in *Interesting Official Documents Relating to The United Provinces of Venezuela* (London, 1812), 3–21.

47 "Acta de la independencia de la provincia de Cartagena en la Nueva Granada" (November 11, 1811), in *Constituciones de Colombia*, ed. Manuel Antonio Pombo and José Joaquín Guerra, 4th edn., 4 vols. (Bogotá, 1986), Ⅱ, 75–82; Eng. trans., *British and Foreign State Papers. 1812–1814* (London, 1841), 1136–1142.

48 "Acta de independencia de las Provincias Unidas del Rio de la Plata" (July 9, 1816), in *Registro nacional* (Argentina), 7 (Buenos Aires, 1816), 366–367; Eng. trans., *The Spanish Tradition in America*, ed. Charles Gibson (New York, 1966), 239–240; Bonifacio del Carril, *La Declaración de la independencia* (Buenos Aires, 1966).

49 "Proclamación de la independencia política de Chile" (January 1, 1818), in *Documentos para la* 280
historia de la vida pública del libertador de Colombia, Péru y Bolivia, ed. José Félix Blanco, 14 vols. (Caracas, 1875–1877), Ⅵ, 238–239; Eng. trans., *British and Foreign State Papers. 1818–1819* (London, 1835), 820–821; Luis Valencia Avaria, "La Declaración y Proclamación de la Independencia de Chile," *Boletín de la Academia Chilena de la Historia*, 35 (1968), 5–42.

50 José Carlos Chiaramonte, *Nación y Estado en Iberoamérica: El lenguaje político en tiempos de las independencias* (Buenos Aires, 2004).

51 Manuel Montúfar y Coronado, 转引自 Dym, "'Our Pueblos, Fractions with no Central Unity'," 464。

52 "Proclamacion y juramento de la independencia" (July 15, 1821), in *Documentos para la historia de la vida pública del libertador*, ed. Blanco, Ⅷ, 5–7; Eng. trans., *British and Foreign State Papers. 1821–1822* (London, 1829), 393–394; Timothy E. Anna, "The Peruvian Declaration of Independence: Freedom by Coercion," *Journal of Latin American Studies*, 7 (1975), 221–248.

53 "The Unanimous Declaration of Independence Made by the Delegates of the People of Texas" (March 2, 1836), in *The Papers of the Texas Revolution, 1835–1836*, gen. ed. John H. Jenkins, 10 vols. (Austin, 1973), Ⅳ, 493–497.

54 "Acta de Independencia del Imperio" (September 28, 1821), in *El Libertador: Documentos Selectos de D. Agustín de Iturbide*, ed. Mariano Cuevas (Mexico City, 1947), 262–263.

55 "En el Puerto de Monterrey de la Alta California ..." (November 7, 1836) (Monterey, 1836), reprod. in [Parke-Bernet Galleries,] *The Celebrated Collection of Americana Formed by the Late Thomas Streeter, Morristown, New Jersey*, 8 vols. (New York, 1968), Ⅳ, 1781.

56 "Declaration of Independence" (July 26, 1847), in *The Independent Republic of Liberia; Its Constitution and Declaration of Independence ... with Other Documents; Issued Chiefly for the Use of the Free People of Color* (Philadelphia, 1848), 8–9; Robert W. July, *The Origins of Modern African Thought: Its Development in West Africa during the Nineteenth and Twentieth Centuries* (London, 1967), 93–100.

57 例如 Charles Henry Huberich, *The Political and Legislative History of Liberia*, 2 vols. (New York, 281
1947), Ⅰ, 833–834; July, *The Origins of Modern African Thought*, 99。

58 "Declaration of Independence," in *The Independent Republic of Liberia*, 8–9; Gerrit W. Gong, *The Standard of "Civilization" in International Society* (Oxford, 1984).

59 *Kossuth Lajos összes munkái,* 15 vols. (Budapest, 1948–1966), XIV , 894–912; Eng. trans., "Declaration of Independence by the Hungarian Nation" (April 14, 1849), in William H. Stiles, *Austria in 1848–1849,* 2 vols. (New York, 1852), II, 409–418; Istvan Deak, *The Lawful Revolution: Louis Kossuth and the Hungarians 1848 –1849* (New York, 1979), 262 (quoted); A. Urbán, "A Lesson for the Old Continent: The Image of America in the Hungarian Revolution of 1848/49," *NHQ; The New Hungarian Quarterly,* 17 (1976), 85–96.

60 György Szabad, "Kossuth on the Political System of the United States of America," *Etudes Hongroises 1975,* 2 vols. (Budapest, 1975), I, 503–529.

61 "Declaration of the Independence of New Zealand" (October 28, 1835), in *Fac-Similes of the Declaration of Independence and the Treaty of Waitangi* (Wellington, NZ, 1877), 4.

62 Busby to the Rev. Mr Williams and Mr King, September 14, 1835, and Busby to Colonial Secretary of New South Wales, October 31, 1835, The National Archives, Kew (hereafter TNA), CO 209/2, fols. 88v, 98v; John O. Ross, "Busby and the Declaration of Independence," *New Zealand Journal of History,* 14 (1980), 83–89.

63 Claudia Orange, *The Treaty of Waitangi* (Wellington, NZ, 1987), 118–120.

64 "The Declaration of the Reformers of the City of Toronto to their Fellow Reformers in Upper Canada" (July 31, 1837), in Charles Lindsey, *The Life and Times of Wm. Lyon Mackenzie,* 2 vols. (Toronto, 1863), II, 334–342.

65 [Richard Windeyer,] "On the Rights of the Aborigines of Australia" (June 19, 1844), Mitchell Library, State Library of New South Wales, MS A1400, 2–3; *Sydney Herald,* June 20, 1844.

282 66 John Molony, Eureka (Ringwood, 1984), 154; Karl Marx, "The Buying of Commissions. — News from Australia" (March 3, 1855), in Marx and Friedrich Engels, *Collected Works,* 50 vols. (New York, 1975–2004), XIV, 65.

67 Louisa Lawson, "Australian Independence," *The Republican* (Sydney), July 4, 1887.

68 *Official Record of the Proceedings and Debates of the National Australasian Convention ... March and April 1891* (Sydney, 1891); W. J. Hudson and M. P. Sharp, *Australian Independence: Colony to Reluctant Kingdom* (Melbourne, 1988), 26–27.

69 Marilyn Lake, "What If Alfred Deakin had Made a Declaration of Australian Independence?," in Stuart Macintyre and Sean Scalmer, ed., *What If? Australian History as it Might Have Been* (Carleton, 2006), 29–43.

70 H. K. Watson, *Whither Australia? Whither Western Australia?* (Perth, Western Australia, 1935); *Report of the Joint Committee of the House of Lords and the House of Commons Appointed to Consider the Petition of the State of Western Australia* (London, 1935); Christopher W. Besant, "Two Nations, Two Destinies: A Reflection on the Significance of the Western Australian Secession Movement to Australia, Canada and the British Empire," *University of Western Australia Law Review,* 20 (1990), 209–310.

71 "Declaration of the Immediate Causes which Induce and Justify the Secession of South Carolina from the Federal Union" (December 20, 1860), in *Journal of the Convention of the People of South Carolina, Held in 1860, 1861 and 1862* (Columbia, SC, 1862), 461–466 (my emphasis).

72 *The War of the Rebellion,* 70 vols. (Washington, D. C., 1880–1901), 4th ser., I , 290 (Tennessee), 741 (Kentucky).

73 例如，可参阅 Francis C. Treadwell, *Secession an Absurdity: It is Perjury, Treason and War* (New

York, 1861)。

74 Charles and Barbara Jelavich, *The Establishment of the Balkan National States, 1804–1920* (Seattle, 1977); T. K. Derry, *A History of Modern Norway, 1814–1972* (Oxford, 1973), 159–171. 283

75 Cooper, "States, Empires, and Political Imagination," in Cooper, *Colonialism in Question,* 182.

76 "The Declaration of Independence of the Czechoslovak Nation" (October 18, 1918), in Kovtun, *The Czechoslovak Declaration of Independence,* 53–55.

77 Thomas G. Masaryk, "The Czecho-Slovak Nation," *The Nation,* 107 (October 5, 1918), 6.

78 "Declaration of Independence of the Mid-European Union" (October 26, 1918), in *International Conciliation,* Special Bulletin (New York, 1919), 23–25; Victor S. Mamatey, *The United States and East Central Europe, 1914–1918: A Study in Wilsonian Diplomacy and Propaganda* (Port Washington, NY, 1957), 342–343.

79 "Proclamation of the State of Slovene, Croats and Serbs" (October 29, 1918), in *Yugoslavia through Documents: From Its Creation to Its Dissolution,* ed. Snezana Trifunovska (Dordrecht, 1994), 147 –148; *Ireland's Declaration of Independence and Other Official Documents ... Submitted to the Peace Conference in Support of Ireland's Claim for Recognition as a Sovereign Independent State* (New York, 1919), 3; "The [Korean] Declaration of Independence, March 1, 1919: A New 284
Translation," *Korean Studies,* 13 (1989), 1–4; "Declaration of Estonian Independence" (May 19, 1919), TNA, FO 608/186, fols. 229–230.

80 Mahatma Gandhi, "Draft Declaration for January 26 [1930]," and "Things to Remember for the 26th," in *The Collected Works of Mahatma Gandhi,* 90 vols. (New Delhi, 1958–84), XLII, 384–385, 426–428.

81 Subhas Chandra Bose, "Proclamation of the Provisional Government of Azad Hind" (October 21, 1943), in Hari Hara Das, *Subhas Chandra Bose and the Indian National Movement* (New Delhi, 1983), 367–370.

82 Archimedes L. A. Patti, *Why Viet Nam? Prelude to America's Albatross* (Berkeley, 1980), 223–224.

83 Ho Chi Minh, "Declaration of Independence of the Democratic Republic of Vietnam" (September 2, 1945), in Ho Chi Minh, *Selected Works,* 4 vols. (Hanoi, 1960–1962), Ⅲ, 17–21; Patti, *Why Viet Nam?,* 250–253; David G. Marr, "Ho Chi Minh's Independence Declaration," in K. W. Taylor and John K. Whitmore, eds., *Essays into Vietnamese Pasts* (Ithaca, 1995), 221–231.

84 Marilyn B. Young, *The Vietnam Wars, 1945–1990* (New York, 1991), 11.

85 [Government of Rhodesia,] "Proclamation" (November 11, 1965), in *Independence Documents of the World,* eds. Albert P. Blaustein, Jay Sigler, and Benjamin R. Beede, 2 vols. (New York, 1977), Ⅱ, 587.

86 TNA, DO 183/253. 相同的类比此前也有使用，见 1956 年 10 月：TNA, CO 1015/1009。

87 "Declaration on the Granting of Independence to Colonial Countries and Peoples" (December 14, 1960), United Nations, General Assembly Resolution 1514 (XV).

88 Richard M. Cummings, "The Rhodesian Unilateral Declaration of Independence and the Position of the International Community," *New York University Journal of International Law and Politics,* 6 (1973), 57–84; Jericho Nkala, *The United Nations, International Law, and the Rhodesian Independence Crisis* (Oxford, 1985), 43–52.

89 Benedict Anderson, *Imagined Communities: Reflections on the Origin and Spread of Nationalism,* 285
rev. edn. (London, 1991), 81; 比较 Adam Watson, "New States in the Americas," in Hedley Bull and

Adam Watson, eds., *The Expansion of International Society* (Oxford, 1984), 127–141。

90 Hannah Arendt, *On Revolution* (Harmondsworth, 1973), 56.

结 论

1 Gordon S. Wood, *The American Revolution: A History* (New York, 2002), 57.

2 James Crawford, "State Practice and International Law in Relation to Secession," *British Yearbook of International Law,* 69 (1998), 85–117; Perry Anderson, "Stand-Off in Taiwan," *London Review of Books,* June 3, 2004, 15 (quoted).

3 "Proclamation of Independence Order" (April 10, 1971), in *Bangla Desh: Documents* (New Delhi [1971?]), 281–282.

4 [State of Israel,] "Proclamation of Independence" (May 14, 1948) and Palestine National Council, "Declaration of Independence" (November 15, 1988), in *The Israel-Arab Reader: A Documentary History of the Middle East Conflict,* eds. Walter Laqueur and Barry Rubin, 6th edn. (Harmondsworth, 2001), 81–83, 354–357; Eliyakim Rubinstein, "The Declaration of Independence as a Basic Document of the State of Israel," *Israel Studies,* 3 (1998), 195–210; James Crawford, "Israel (1948–1949) and Palestine (1998–1999): Two Studies in the Creation of States," in Guy S. Goodwin-Gill and Stefan Talmon, eds., *The Reality of International Law: Essays in Honour of Ian Brownlie* (Oxford, 1999), 95–124.

5 有关另类手段的使用，可参阅 Antonio Cassese, *Self-Determination of Peoples: A Legal Reappraisal* (Cambridge, 1995), 344–365; Gerry J. Simpson, "The Diffusion of Sovereignty: Self-Determinations in the Post-Colonial Age," in Mortimer Sellers, ed., *The New World Order: Sovereignty, Human Rights,*
286 *and the Self-Determination of Peoples* (Oxford, 1996), 35–69; Pekka Aikio and Martin Scheinin, eds., *Operationalizing the Right of Indigenous Peoples to Self-Determination* (Turku, 2000); Marc Weller and Stefan Wolff, eds., *Autonomy, Self-Governance and Conflict Resolution: Innovative Approaches to Institutional Design in Divided Societies* (London, 2005)。

致　谢 287

在多种意义上，这是一部哈佛的书。我是在哈佛大学的查尔斯·沃伦美国研究中心做研究员时开始构思此书的，当时还接受了哈佛大学出版社凯瑟琳·麦克德莫特（Kathleen McDermott）适时的出版建议。不过本书的写作时间比凯瑟琳当初希望或预想的要长；凯瑟琳的信心、耐心和编辑对于本书的最终出版都可谓不可或缺。后来，我又曾在哈佛大学历史系就本书的内容做过讲演，并在魏德海国际事务中心（Weatherhead Center for International Affairs）的一次中心主任学术研讨会上介绍过本书的草稿。在诸如此类的众多场合，我在历史系的同事和学生也为本书的研究提出了丰盈的建议和极为重要的线索。哈佛大学积极支持历史研究的国际化和全球化，本书的出版亦可谓对这种支持的一个小小的回报。

这样一本小书却要触及那么多国家的历史，自然是更多地得益于朋友们的善意和帮助，偶尔还有一些来自陌生人的善意和帮助。以下众多学者曾为笔者的研究和写作提供相关信息、启发或灵感和翻译服务，在此表示衷心感谢，他们是：圭多·阿巴蒂斯塔（Guido Abbattista）、克里斯·贝利（Chris Bayly）、曼努惠娅·巴查姆（Manuhuia Barcham）、理查德·伯克（Richard Bourke）、理查德·布须曼（Richard Bushman）、托马斯·科
恩（Thomas Cohen），劳伦特·杜波依斯（Laurent Dubois）、卡伦·迪瓦 288
尔（Karen Duval）、乔丹娜·迪姆（Jordana Dym）、米库拉斯·法布里（Mikulas Fabry）、斯特拉·费茨托马斯（Stella Fitzthomas）、埃里克·戈尔

德纳（Erik Goldner）、乔舒亚·希尔（Joshua Hill）、邓肯·艾维森（Duncan Ivison）、威廉·柯比（William Kirby）、玛丽莲·拉克（Marilyn Lake）、萨巴·勒瓦伊（Csaba Lévai）、玛丽亚·安吉拉·莱尔（Maria Angela Leal）、查尔斯·迈尔（Charles Maier），R. 拉塞尔·梅隆（R. Russell Maylone）、肯尼斯·麦克斯韦（Kenneth Maxwell）、马克·马佐尔（Mark Mazower）、维吉南德·米金哈特（Wijnand Mijnhardt）、彼得·奥努夫（Peter Onuf）、威廉·奥赖利（William O'Reilly）、保罗·皮克林（Paul Pickering）、约翰·波考克（John Pocock）、丹尼尔·斯利夫（Daniel Slive）、格伦达·斯鲁迦（Glenda Sluga）、米兰达·斯皮勒（Miranda Spieler）、西蒙·斯特恩（Simon Stern）、拉里·沃尔夫（Larry Wolff）和约翰·沃马克（John Womack）。

以下人士曾邀请我到世界各地做巡回演讲，使我有机会面对学识渊博的听众，包括伯纳德·贝林（Bernard Bailyn）、迈克尔·贝丝（Michael Bess）、迈克尔·布拉迪克（Michael Braddick）、陈正国（Jeng-Guo Chen）、德博拉·坎宁安（Deborah Cunningham）、尤尔格·多明格斯（Jorge Domínguez）、诺曼·费尔灵（Norman Fiering）、安德鲁·菲茨莫里斯（Andrew Fitzmaurice）、詹姆斯·霍恩（James Horn）、入江昭（Akira Iriye）、大卫·约翰斯顿（David Johnston）、芭芭拉·拉姆萨克（Barbara Ramusack）、朱莉娅·鲁道夫（Julia Rudolph）、克里斯托弗·桑德斯（Christopher Saunders）、丹尼尔·莎孚斯泰因（Daniel Sharfstein）、赫尔穆特·史密斯（Helmut Smith）和康拉德·怀特（Conrad Wright）。对上述场合的评论者，我要特别感谢斯蒂芬·康威（Stephen Conway）、弗里德里克·库珀（Frederick Cooper）、克里斯汀·德桑（Christine Desan）、诺亚·费尔德曼（Noah Feldman）、艾莉佳·古尔德（Eliga Gould）、本尼迪克特·金斯伯里（Benedict Kingsbury）、詹姆斯·克劳彭伯格（James Kloppenberg）、宝琳·迈尔（Pauline Maier）、苏珊·马克斯（Susan Marks）、昆汀·斯金纳（Quentin Skinner）和克里斯托弗·汤姆林斯（Christopher Tomlins）。

本书的部分篇章曾在《威廉—玛丽季刊》《OAH 历史杂志》和《南非历

史杂志》上发表，本次重印已经上述杂志的编辑授权，特此致谢。

在此，我还要特别感谢伯纳德·贝林、宝琳·迈尔、达琳·麦克马洪
（Darrin McMahon）、埃雷兹·曼尼拉（Erez Manela）和爱玛·罗斯恰尔德 289
（Emma Rothschild）抽时间阅读本书的手稿并提出宝贵的改进意见。

我最感激的永远是乔伊斯·查普林（Joyce Chaplin）女士，她知道原因。

索 引

（索引条目后的页码为本书边码）

C

D

T

“二十世纪人文译丛”首批出版书目

《希腊精神：一部文明史》	〔英〕阿诺德·汤因比　著	乔　戈　译
《十字军史》	〔英〕乔纳森·赖利–史密斯　著	欧阳敏　译
《欧洲历史地理》	〔英〕诺曼·J. G. 庞兹　著	王大学　秦瑞芳　屈伯文　译
《希腊艺术导论》	〔英〕简·爱伦·哈里森　著	马百亮　译
《国民经济、国民经济学及其方法》	〔德〕古斯塔夫·冯·施穆勒　著	黎　岗　译
《古希腊贸易与政治》	〔德〕约翰内斯·哈斯布鲁克　著	陈思伟　译
《欧洲思想的危机（1680—1715）》	〔法〕保罗·阿扎尔　著	方颂华　译
《犹太人与世界文明》	〔英〕塞西尔·罗斯　著	艾仁贵　译
《意大利文学史》	〔意〕弗朗切斯科·德·桑科蒂斯　著	魏　怡　译
《独立宣言：一种全球史》	〔美〕大卫·阿米蒂奇　著	孙　岳　译
《文明与气候》	〔美〕埃尔斯沃思·亨廷顿　著	吴俊范　译
《亚述：从帝国的崛起到尼尼微的沦陷》	〔俄罗斯〕泽内达·A.拉戈津　著	吴晓真　译
《致命的伴侣：微生物如何塑造人类历史》	〔英〕多萝西·H. 克劳福德　著	艾仁贵　译
《希腊前的哲学：古代巴比伦对真理的追求》	〔美〕马克·范·德·米罗普　著	刘昌玉　译

“二十世纪人文译丛·文明史”系列出版书目

《大地与人：一部全球史》	〔美〕理查德·W. 布利特 等　著	刘文明　邢　科　田汝英　译
《西方文明史》	〔美〕朱迪斯·科芬 等　著	杨　军　译
《西方的形成：民族与文化》	〔美〕林·亨特 等　著	陈　恒等　译

图书在版编目（CIP）数据

独立宣言：一种全球史 /（美）大卫·阿米蒂奇著；孙岳译. —北京：商务印书馆，2021（2023.2重印）
（二十世纪人文译丛）
ISBN 978－7－100－18707－7

Ⅰ.①独… Ⅱ.①大… ②孙… Ⅲ.①《独立宣言》—研究 ②世界史—研究 Ⅳ.①K712.41②K107

中国版本图书馆 CIP 数据核字（2020）第115858号

独 立 宣 言

一种全球史

〔美〕大卫·阿米蒂奇 著
孙 岳 译

商 务 印 书 馆 出 版
（北京王府井大街36号 邮政编码 100710）
商 务 印 书 馆 发 行
山东临沂新华印刷物流
集团有限责任公司印刷
ISBN 978－7－100－18707－7

2021年3月第1版 开本 640×960 1/16
2023年2月第2次印刷 印张 12

定价：58.00元